Copyright© 2020 by Literare Books International.
Todos os direitos desta edição são reservados à Literare Books International.

Presidente:
Mauricio Sita

Vice-presidente:
Alessandra Ksenhuck

Capa e ilustração da capa:
Sttenio Costa

Diagramação da capa:
Paulo Gallian

Projeto gráfico e diagramação do miolo:
Gabriel Uchima

Revisão:
Rodrigo Rainho

Diretora de Projetos:
Gleide Santos

Diretora Executiva:
Julyana Rosa

Consultora editorial e de marketing:
Simone Fernandes

Gerente de marketing e de novos negócios:
Horacio Corral

Relacionamento com o cliente:
Claudia Pires

Impressão:
Noschang

Dados Internacionais de Catalogação na Publicação (CIP)
(eDOC BRASIL, Belo Horizonte/MG)

Rodrigues, Leila.
R696h   Hormônios, me ouçam! / Leila Rodrigues. – São Paulo, SP: Literare Books International, 2020.
    14 x 21 cm

    ISBN 978-65-86939-18-7

    1. Autoconhecimento. 2. Comportamento. 3. Menopausa. I.Título.

CDD 612.665

Elaborado por Maurício Amormino Júnior – CRB6/2422

Literare Books International Ltda
Rua Antônio Augusto Covello, 472 – Vila Mariana – São Paulo, SP
CEP 01550-060
Fone/fax: (011) 2659-0968**
site: www.literarebooks.com.br
e-mail: contato@literarebooks.com.br

HORMÔNIOS ME OUÇAM!

Aos meus amores, Juliano, Vinícius e Gustavo.

Agradecimentos

Um livro é realmente um filho. Da concepção (intenção) ao parto (lançamento), é tudo uma gestação.

Depois de oito anos escrevendo crônicas para o Jornal Agora Divinópolis, o JC Arcos e a Revista *Xeque Mate*, finalmente concluo meu primeiro "filho" livro. E, nesta minha primeira gestação, tenho muita gente a agradecer.

À Duda, minha primeira leitora. A pessoa que me ensinou o que era um *blog*.

À Vivian Maguinter, escritora e poetisa, por todas as lições silenciosas que me deu.

À Simone Fernandes, por acreditar junto comigo nos meus sonhos.

À Carmen, a primeira pessoa que me ouviu falar de menopausa.

Ao Senhor Welington, por não me deixar desanimar.

Às meninas Paula e Laís, pelo refúgio necessário.

Às meninas que me acompanham e fazem a minha caminhada mais leve.

Aos meus pais e meus irmãos, pela base que me deram e pelo laço de amor que nos une.

SUMÁRIO

Introdução..13
1 - Hormônios, me ouçam!................................17

O problema

2 - Eu e ela..23
3 - Sobre novos e velhos................................25
4 - A primeira "senhora" é para sempre..........27
5 - Menô o quê?...29
6 - Sem privilégios...31
7 - Deixados pelo caminho.............................33
8 - Acontece, às vezes...................................35

A realidade

9 - Ninguém conta!..39
10 - Caixa de surpresas.................................41
11 - Uma história silenciosa..........................45
12 - A estratégia da pressão.........................47
13 - As outras..49
14 - Cadê o remedinho?................................51
15 - Entre erros, tropeços e alguns acertos...55
16 - É karma..57
17 - Sem culpa, sem rótulos.........................59
18 - Antes e agora.......................................61

Eu e eu mesma

19 - De frente comigo..67

20 - Eu no início da fila..69

21 - Para a menina que vive em mim............71

22 - Eu comigo e eu mesma............................73

23 - Do lado de cá..75

Eu e minha saúde

24 - O susto..79

25 - Para lembrar um dia..81

26 - Entre quatro paredes..83

27 - A consulta..87

28 - Saudade de mim..89

Eu e os outros

29 - Os laços..93

30 - Dia de filha..95

31 - Best Friend Forever..97

32 - Gênio moderno..99

33 - Idas e vindas..103

34 - Garotos não choram..105

Eu e minha sexualidade

35 - Libido, o deserto feminino..111

36 - A primeira vez, outra vez..115

37 - Carreira solo..117

38 - A decepção de Anitta..119

Eu e ele

39 - Acerto de contas................................123

40 - O ponto equidistante.........................125

41 - As férias..127

42 - Amor e economia nos mesmos tempos verbais.....131

43 - Ele fala..133

44 - Insanidade na prática.........................135

Eu e meus voos

45 - Just in time...................................141

46 - Vamos trabalhar!..............................143

47 - Mais e menos...................................145

48 - 50 tons de vinho...............................147

Eu e as vozes do mundo

49 - Da natureza das fêmeas........................151

50 - O lado A.......................................153

51 - As damas da colheita..........................157

52 - Dizem por aí...................................159

53 - Por mais entardeceres tranquilos..............161

Eu e todos os motivos para seguir

54 - No mesmo trem..................................165

55 - Para quem ainda pretende mudar................169

56 - Trilogia.......................................171

57 - Abra suas asas.................................173

58 - Climatério.....................................175

Introdução

Quem nasceu no interior de Minas Gerais na década de 1960 praticamente nasceu com o destino carimbado, vai ser professora. Então fui ser professora.

Porém, o magistério me surpreendeu, me mostrou ser uma pessoa capaz de ir além do que eu não conhecia.

A escrita chegou à minha vida ainda na adolescência, passado esse frescor, adormeceu em meio a outros papéis e ficou engavetada durante muitos anos. A pressa e a vontade de ser alguém, de ter uma profissão, de formar uma família e de dar conta de todos os meus propósitos não combinavam com a serenidade que a escrita exige.

Na faculdade, voltei a escrever. Cartas valiam um lanche. Cartas de amor, cartas de desamor, notícias difíceis de dar. Foi um tempo divertido. Passou. Passou como passaram as cartas que hoje foram substituídas pelos *e-mails* e textos cada vez mais curtos e abreviados.

Um dia, quis o destino que eu me entristecesse a ponto de voltar ao mais fundo de mim. E lá, nesse fundo, onde nada mais cabia, eu me deparei de novo com as minhas palavras.

No começo, amargas e doloridas, pesadas como o meu semblante naquele momento.

Devagarinho, elas foram se abrindo, clareando, tomando a leveza que precisavam para que eu saísse daquele fosso. Foram elas, as minhas palavras, que me trouxeram de volta, e é por elas que hoje estou aqui.

Se alguém ainda pensa que uma mulher de 45 anos do interior de Minas Gerais passa o dia cuidando de filho ou de neto, não sabe quase nada de nós. Aqui, além de ser mães, filhas, esposas e amantes, também somos profissionais que são cobradas como qualquer uma das outras, empresárias, empreendedoras e cidadãs engajadas social e culturalmente. Afinal, a distância da metrópole não afeta nossas inteligências.

Vivendo a intensidade da maturidade feminina que, por si só, é complexa e em pleno calorão do climatérico, eu percebi que precisava esvaziar o caldeirão que fervilhava dentro de mim. Eram muitos papéis para uma intérprete só.

E, assim, eu me encontro de novo com a escrita e faço dela a minha companheira fiel. Escrevo o que vivo, o que sinto e o que observo ao meu redor. Escrevo minhas insanidades permitidas, minhas derrapadas e tentativas nesta luta fantástica que é viver. Escrevo porque acredito de verdade que as histórias transformam. E precisamos de histórias para a vida ficar leve.

Hormônios, me ouçam! é uma junção de crônicas que relatam essa fase incrível da minha vida, o climatério. Uma fase que, a princípio, só tem desconforto e solidão. Contudo, é a nossa verdadeira metamorfose.

Hormônios, me ouçam! sou eu conversando comigo, procurando um sentido para a minha própria voz.

Hormônios, me ouçam! foi minha forma de viver tudo isso sem perder a minha essência e a minha leveza.

Escrevo de mim e escrevo desta mulher que enche as ruas, enche o mercado de trabalho, enche o mundo e é tão pouco reconhecida. Escrevo sobre esta mulher que, apesar de todo o seu cansaço, todo o seu desânimo e todo o seu silêncio, enche as famílias de amor e afeto.

Escrevo porque acredito, de verdade, que essa mulher, escondida atrás das cortinas da realidade, ainda é puro amor.

1 - Hormônios, me ouçam!

03:16 a.m.

Acordo molhada, banhada de suor. É a 23ª vez que isso acontece naquela noite. O coração dispara e o rosto queima como se eu tivesse enfiado a cara no forno quente.

Ao meu lado, meu marido dormia o sono dos deuses e roncava feliz, porque os homens roncam felizes. Para não acordá-lo, levantei de mansinho. Tenho um defeito grave de achar que meu criado-mudo (e surdo) é meu empório particular. Por medo ou precaução, coloco tudo nele, para o caso de precisar de madrugada. Adivinha se deu certo?

Quanto mais eu tateava o criado-mudo à procura dos meus óculos, mais nervosa eu ficava. O suor escorrendo debaixo do pijama, a cara queimando. A essa altura, se eu achasse o celular já estaria de bom tamanho. Acenderia a lanterna e os óculos surgiriam em algum lugar do quarto.

Desesperada de calor, resolvo tomar um banho. Ah, uma chuveirada é tudo que uma mulher precisa no auge do calorão. No meio do delicioso banho, de repente, não mais que de repente, sinto um frio inexplicável e volto correndo para a cama.

Na volta triste para a cama, sem meus óculos, tropecei no chinelo do meu marido. Ao tropeçar, bati a mão no controle, que ligou a TV, na tentativa desesperada de desligar a TV aumentei o volume, meu marido pulou da cama achando que era ladrão, meu filho ouviu e acendeu a luz do quarto, os cachorros começaram a latir, o vizinho gritou de lá "que zona é essa?" e eu, sem os meus óculos, comecei a chorar.

Vem marido, vem filho, vem até os cachorros tentando me acalmar e eu só queria chorar. Entre o choro e o soluço, uma raiva que não me pertencia surgiu dentro de mim. Se eu começasse a bater, eu estragava um, mas só xinguei. Xinguei, esbravejei, espumei a boca de tanto falar.

Quando parei, estavam meus filhos e meu marido sentados na cama olhando para mim como se eu estivesse possuída.

Levei um susto com a cena e corri para o espelho. Lá estava eu, escorrendo suor, vermelha como uma maçã argentina, tremendo e completamente descabelada. Sim, eu era um Freddy Krueger em pessoa! Dentro de mim, tudo fervia! Senti a desordem acontecendo como uma farra de adolescentes que desobedecem por prazer.

Fitei o espelho e falei em alto e bom tom:

Leila Rodrigues

Hormônios me ouçam!

Quem manda aqui sou eu!

O problema

Meu sangue agora guardo comigo,
para fortalecer a sábia que vai nascer.

2 - Eu e ela

Um dia ela chegou sem pedir licença. Não era noite nem dia. Era só um tempo comum. E ela entrou porta adentro em minha vida. Não me perguntou se eu queria, não me apresentou as estatísticas, não fez sequer uma introdução. Simplesmente chegou.

E eu, num misto de pavor e total despreparo, fui arrebatada ao chão em pleno voo. Mal sabia eu, naquele momento, que ela não tinha a menor pressa. Ela era a minha menopausa, embora eu não quisesse que fosse, nem minha, nem de ninguém; e eu era apenas uma jovem mulher que ainda queria muito da vida. Começava ali a maior batalha de toda a minha existência.

Não, eu não queria retardar o tempo. Muito menos esconder a minha idade ou ser agraciada pelos deuses com a eterna juventude. Sempre gostei de mim na atualidade e acredito que a experiência de viver é o melhor antídoto para combater a perda do frescor, que inevitavelmente se vai. Mas daí a aceitar que ela (a menopausa) e a sua capacidade de dissecar nossas faculdades mentais me vencessem, aí era demais.

Quanto mais ela me derretia de calor, mais eu me refrescava de pessoas queridas. Quanto mais ela me secava por dentro, mais eu buscava saídas para renovar a minha seiva. Quanto mais ela me deixava irritada, nervosa, cansada, exaurida... mais eu meditava e acreditava que poderia vencê-la.

Demorou, mas um dia ela se foi. E eu pude viver de novo, mais leve, mais livre, mais conhecedora de mim, mais autêntica, mais crente nas minhas capacidades.

Se eu voltei a ser a mesma de antes?

Claro que não!

A vida é roda que só gira para a frente.

Hoje eu sou muito melhor!

3 - Sobre novos e velhos

Quando eu tinha 17 anos, eu achava qualquer pessoa com mais de 30 velha. Os 30 anos chegaram e eu percebi que ainda tinha tantos ou mais projetos do que quando eu tinha 17. E então eu entendi que o número de anos vividos não tinha uma ligação tão direta assim com a velhice. Isso é algo que só aprendemos com a prática, ou melhor, com o tempo. E comigo não foi diferente. Aos 30, eu realmente fui movida por uma disposição incrível. Filhos, família, trabalho, estudo, tudo junto e misturado para se chegar a algum lugar.

Os 40 chegaram e foi como começar tudo de novo. Se a vida começa aos 40, então eu estava praticamente nascendo. Bem, na prática a teoria é outra, o ditado exagera um pouco, mas não deixa de ser um incentivo a mais. O ciclo de amigos pode ficar menor, mas as amizades são mais intensas e verdadeiras, porque aos 40 a quantidade importa pouco.

Aos 40, você quer fazer coisas que nunca fez, porque estava ocupado demais com o seu futuro lá atrás. Aos 40, você quer cantar as suas músicas favoritas e que se danem as novas. Aos 40, as pessoas contam mais que as contas e não se deixa para amanhã o que não pode ser feito ontem.

Quando chegam os 50, você percebe nitidamente a conta da farmácia crescendo e a do biquíni diminuindo. Sorrateiramente chega o remédio para a pressão, depois outro para a tireoide, depois um Ômega-3 e a cada ano você repete o mesmo biquíni porque já não o usa tanto assim. Mas isso não significa necessariamente que você esteja velho. Digamos que a máquina agora precisa de uma manutenção mais frequente, mas continua funcionando bem, obrigada. Muito provavelmente para um rapaz de 17 eu seja praticamente idosa. Mas isso não me afeta, afinal, ele só tem 17 anos e talvez ainda não consiga enxergar um horizonte tão longínquo.

Porém, para mim, que estou aqui de malas prontas para o *show* dos Rolling Stones e cheia de projetos, velhice tem um conceito diferente.

Não vou negar que na minha mala hoje tem hipertensivo, sapato da linha conforto e meias que eu uso para dormir. Mas tem também uma roda de amigos dispostos a se divertir, que me acompanham e fazem a minha viagem valer a pena. Tem a minha disposição para usufruir cada minuto do evento, que eu não troco por nenhum "entorpecente moderno". A minha maior bagagem agora é a história que eu carrego comigo. Se isso é velho ou novo, não faz a menor diferença!

Envelhecer não é uma escolha, ser feliz, sim!

4 - A primeira "senhora" é para sempre

Mineiro tem mania de chamar o outro de moço ou moça. É parte do vocabulário "mineirêz". Aqui, temos a moça da padaria, o moço da banca, a moça que vende brigadeiro... e eu sempre fui a moça do 301, número do apartamento em que eu morava.

Aos 41 anos, uma mulher acha que acabou de nascer. Afinal, o ditado "a vida começa aos 40" está mais impregnado em nós do que imaginamos.

Então, eu, essa moça que acabara de fazer 41 anos, me sentia realmente uma moça de 41 anos.

Naquele dia, eu assistia tranquilamente meu filho de 4 anos brincando na varanda do apartamento, quando ouvi uma conversa no portão.

— É aqui que mora a moça que quer comprar um cachorro?

— Tem uma moradora aqui que quer comprar um cachorro, mas ela já é uma senhora.

— Ah, sim, deve ser essa mesmo. Qual o apartamento dela?

— É o 301. Dona Leila, o nome dela.

Fiquei parada processando a informação. Deixei de ser moça! É claro que a minha "mocidade" já tinha ficado lá longe. Mas naquele momento eu levei um susto. Não sabia se abria a porta ou se corria para o espelho.

Se o porteiro já me via como uma "senhora", para o meu filho adolescente eu já estava idosa.

Como tudo na vida, no início é confuso mudar de categoria. Envelhecer, mais confuso ainda. A palavra velhice soa como mofo, prazo de validade vencido, e não deveria ser. Ser chamada de senhora, de velha ou de tia não era o problema. O problema era valorizar o que o outro enxergava em mim e descartar a minha visão de mim mesma.

É claro que eu já havia sido chamada de "senhora" em muitas outras ocasiões. No trabalho, principalmente, embora eu não faça questão nenhuma disso, muitas pessoas se referiam a mim como senhora, há um bom tempo. Mas daí o porteiro dizer que eu já sou uma senhora me abalou.

E como neura é neura e não lógica, naquele dia comprei meu primeiro creme antirrugas. Eu me empanturrei de creme na primeira noite, esqueci de passar na segunda, usei mais umas três vezes e parei. Fui voltar aos cremes muitos anos depois sob orientação da dermatologista.

5 - Menô o quê?

Fui mãe biológica aos 37 anos. Tudo planejado e desejado. Em 4 de agosto de 2004, Gustavo chegou às nossas vidas. Lindo como todo bebê, aos olhos da mãe.
Fui criada no meio de irmãos e nunca pensei em ter um filho só. Embora eu já tivesse dois filhos, queria parir de novo. Aos 41 anos, e com um filho de 4, eu procurei meu ginecologista para engravidar novamente. Exame vai, exame vem, fui diagnosticada com hipotireoidismo. Lá vai eu para o endocrinologista. Dr. Tarcísio, um jovem médico muito competente e um verdadeiro *gentleman*. De novo, exames e mais exames.
— Você está ficando mocinha novamente!
— Eu o que, doutor? Não entendi?
— Você está entrando na menopausa.
— Menô o quê? O que é isso, doutor?
Naquele momento, eu não tinha a menor ideia do que estava acontecendo comigo. A palavra menopausa, para mim, até então estava associada à velhice, ao fim, término. Eu não sabia o que viria pela frente.
Por mais polido e educado que o Dr. Tarcísio fosse, aquela palavra estranha não saía da minha cabeça.

Sentei no banco da praça e corri para o Google. "Menopausa, os ovários param de produzir hormônios."

Pensei, ah, só isso?! Então, tá! Valeu, hormônios, até aqui, foi um prazer, obrigado por tudo. Opa! Mas que hormônios são esses?

Voltei para o Google e, além de descobrir que os hormônios eram estrogênio e progesterona, tinha uma lista interminável de sintomas. Só coisa ruim. Percebi que de mocinha esse negócio não tinha nada.

Tentei as amigas, mas nenhuma delas se interessou pelo assunto. A maioria nem sabia o que era. As poucas amigas que sabiam me olharam como se eu fosse um ET ou como se eu tivesse contraído uma doença muito grave. "Menopausa? Coitada!!!"

Eu não conseguia entender direito. As solteiras corriam de mim para não ter que tocar nesse assunto. Coitada, por quê?

Adeus gravidez, adeus família grande.

Foi assim que a menopausa entrou em minha vida e convivemos por oito anos. Um filho adolescente, outro de 4 anos, um trabalho intenso, como é a tecnologia e um marido tão assustado quanto eu diante dessa surpresa. Tive todos os sintomas juntos e misturados. Enxaqueca, insônia, baixa libido, ganho de peso, solidão, calorão, muito calorão, mau humor, vontade de matar um, choro, silêncio, falatório e mais um monte de coisas que não vale a pena mencionar agora. Um caso de amor e ódio... e muitas histórias para contar.

6 - Sem privilégios

Um dia nos damos conta de que ainda falta muito. O status de aprendiz dura o tempo de nossas existências. Embora tenhamos amadurecido, embora tenhamos vivência, experiência, cabelos brancos, anos assentados nos bancos das escolas, grandes livros na cachola e muitas horas de palestras, ainda somos alunos. Ainda somos assolados pelo medo, pela insegurança e pela vontade imatura de não estar em alguma situação.

A maturidade não nos isenta do susto, nem tampouco do sofrimento. Na verdade, nenhum aprendizado nos isenta de nada. Nossos anos de história não nos poupa das provas da vida.

Elas vão acontecer, quer queiramos ou não. Elas vão nos surpreender, vão nos assustar e vão nos transformar de alguma forma.

Passado o susto, descobrimos nossas forças, nossas potencialidades, até então guardadas para a hora certa. Tudo tem a hora certa, até mesmo nossas reações. Só precisamos compreendê-las.

Se tem medo, vai com medo mesmo. Abrace-o e chame-o de seu companheiro, mostre a ele que você é a coragem. E caminhem juntos até o final.

Se tem desânimo, estenda a sua mão para o seu próprio desânimo e se levante! Conduza-o como se conduz uma criança que não sabe para onde ir.

Se está inseguro, segure em cada dia, segure em seus morangos e segurado estará.

Mas se nada disso funcionar, se todas as receitas que a vida apresentar forem inúteis, não se assuste. O fato é que as saídas sempre estiveram dentro de cada um de nós. E você vai encontrar a sua. Porque a saída é uma porta estreita e singular. É o jeito que cada um de nós encontra para vencer.

Um vai chorar, o outro vai reclamar, o outro vai fazer piada com a própria vida e o outro vai silenciar. No fundo, todos estão usando as suas próprias saídas.

É só isso! E está tudo certo.

Em cada um de nós, uma história, em cada história, um desafio. Para cada desafio, uma saída, e em cada saída, um jeito especial e particular de vencer.

7 - Deixados pelo caminho

É sexta-feira. O trânsito está intenso, o dia foi intenso e a semana idem. Enquanto espero em mais uma das inúmeras filas da vida, observo as pessoas apressadas para lá e para cá. Uns correm para chegar a tempo. Outros correm para ganhar tempo. Correr, que já era um verbo transitivo direto, indireto e intransitivo ao mesmo tempo, virou imperativo.

Corra! Afinal, todos correm. Todos têm pressa.

A lista de afazeres aumentou e o dia continua com as mesmas 24 horas de sempre. E agora?

Não estava previsto que teríamos que dar conta de tanta coisa ao mesmo tempo. Não bastasse todos os nossos papéis, ainda inventaram o WhatsApp, as redes sociais, as novelas, os telejornais e a política.

Acrescente à lista as consultas aos inúmeros especialistas de medicina, fazer atividade física todos os dias, as palestras e *workshops* inerentes à carreira que temos que assistir, beber dois litros de água, passar filtro solar e mastigar 20 vezes cada garfada de comida?!!

Ufa! Só de pensar me cansei!

Isso tudo foi acrescentado às nossas 24 horas sem percebermos. E aceitamos sem nos dar conta que tudo isso leva tempo.

E sobrou para quem? Sobrou para os filhos, para os pais, para os companheiros... sobrou para quem está próximo de nós e perdeu a companhia. Não somos mais companhia de ninguém, nem de nós mesmos!!!

E na tentativa absurda de querer fazer duas, três coisas de uma vez, estamos fazendo tudo errado. O arroz queima, o leite derrama, o ônibus passa e os diálogos se resumem a respostas silábicas e desatentas.

Estamos desavergonhadamente desatentos. Não prestamos atenção ao que acontece diante dos nossos olhos. Perguntamos "como vai?", mas não estamos interessados nos detalhes da resposta. Reclamamos quando não somos ouvidos, mas não temos ouvidos para ninguém.

Estamos vivendo tudo no rascunho, acreditando que um dia vamos passar tudo a limpo e fazer direito. Ilusão! Não vai haver tempo para isso! O que está feito, está feito!

Fizemos mal feito, fizemos pouco, fizemos pela metade, fizemos o básico, fizemos para enganar alguém. E quanto mais coisas fazemos, mais deixamos outras pelo caminho.

Deixados pelo caminho estão todos os detalhes mágicos que fazem a vida valer a pena.

Deixados pelo caminho estão pedaços de nossa própria história que não voltamos para recolher.

Deixadas pelo caminho estão as pessoas queridas, as conversas gostosas, as discussões inteligentes, as risadas dos momentos bobos, os choros de emoção, as músicas boas de ouvir, os livros e os abraços calorosos que cansaram de esperar... será que dá tempo de voltar?

8 - Acontece, às vezes

Acordo esquisita. Nada dói, mas tudo parece desajustado. Mente, corpo e coração não acertam o passo.

Escovo os dentes sem perceber, entro no chuveiro e deixo a água cair. Tento encontrar um motivo para tal descompasso. Conto os azulejos da parede e não descubro nada novo. Lembro que meus hormônios estão se despedindo e que o meu corpo não aceita esse fato com gentileza.

Em resposta, meus extremos se manifestam sem a minha autorização.

Ontem acordei ótima. Feliz, ativa, confiante, poderosa e linda. Fiz 30 minutos a mais na academia, cumprimentei até o cachorro da vizinha, trabalhei como um trator novo, não comi doce e chamei meu marido para tomar um vinho no jantar.

Como é que uma única noite me transformou tanto assim?

Nessa hora, sinto tristeza, vergonha, solidão e aquela sensação de que estou fora do meu controle. Eu me sinto incapaz. Quero minha camiseta rasgada, quero passar o resto do dia assistindo à TV e comendo brigadeiro.

Será que eu tenho que pedir perdão pelos meus extremos? Será que precisa mesmo atribuir a culpa?

Quero a mulher que eu sempre fui de volta! Quero aquela pessoa resolvida e sensata no controle. Quero que meus hormônios me obedeçam. Quero não ter que brigar comigo pelos meus lampejos dessa insanidade anunciada.

Engulo o choro e afogo a minha mágoa na água que escorre pelo meu rosto. E peço que essa água lave as minhas angústias. Lá fora, a vida me espera plena e forte.

Acabo o banho sem saber se me lavei de fato. Entre a alma e o corpo, nesse momento a alma precisava mais.

Vejo que estou atrasada. Visto as roupas às pressas, tomo um café preto e saio para a vida. Esqueci o filtro solar, esqueci o brinco que combina com o vestido e esqueci o livro da Consuelo Blocker para ler no horário do almoço.

Mas sigo certa de que, antes de atender às expectativas externas, é comigo o mais importante dos acertos.

Está tudo bem!

A realidade

Ouvi dizer que é frescura.
Mas tudo indica que é loucura!

9 - Ninguém conta!

Nossas mães nos prepararam para ficarmos mocinhas. A primeira menstruação!!! Que alegria! Que responsabilidade! Nossas mães também nos prepararam para casar ou para a primeira relação sexual. Ainda que estivéssemos em outros tempos e novos comportamentos, elas, nossas mães, tinham um conselho guardado para essa ocasião.

E nossas mães também foram as melhores companheiras no momento do parto. Não há companhia melhor que a mãe na hora de parir e nos primeiros cuidados com nossos bebês. As mães sempre tiveram bons conselhos para a chegada dos filhos.

Porém, para a menopausa, ninguém nos prepara. A menopausa é uma surpresa ruim, um presente de grego que chega sem a nossa autorização.

Ninguém me contou o que vinha pela frente, muito menos que haveria vida depois daquela tormenta. Somos jogadas nessa fogueira sem ter a menor noção do que virá pela frente!

À medida que adentrava nesse universo, descobria suas silenciosas realidades.

Infelizmente, em pleno século XXI, a menopausa ainda é interpretada como "fim" por muitas pessoas. Fim da vida sexual, fim do prazer, fim do colágeno, fim da vaidade, fim!!! Então, esse é o marco zero da velhice?

Foi essa pergunta que me fiz quando me dei conta da dificuldade de lidar com os sintomas e viver a minha vida normalmente.

Se minha capacidade intelectual não havia sido afetada, se minha capacidade física, apesar do cansaço, ainda me permitia exercer todas as minhas atividades, se minha cabeça continuava cheia de ideias e projetos, eu não conseguia entender porque a sociedade ainda associava a menopausa ao "fim".

Fim de quê?

Se for para ter um fim, que seja o fim do silêncio, o fim desse paradigma cruel e injusto com as mulheres.

Se for para ter um fim, que seja o fim dos meus medos, das minhas fraquezas e da minha preguiça.

Naquele momento, fiz um pacto comigo: dar um fim em tudo que precisasse de verdade de um fim e, assim, deixar lugar de sobra para novos começos.

10 - Caixa de surpresas

A palavra climatério vem do grego *Klimacter* e significa período crítico. O climatério vai desde o início dos sintomas até o cessar definitivo.

Menopausa é a soma de duas palavras gregas que significam mês e fim. Considera-se que uma mulher fez a menopausa 12 meses depois que ela parou definitivamente de menstruar.

Até o final da década de 1970, utilizava-se a palavra climatério para designar o período que antecedia o fim da vida reprodutiva, e menopausa para nomear o cessar definitivo do mênstruo, porém, em 1980, um grupo científico de investigação da menopausa da OMS propõe uma padronização da terminologia e sugere que o termo climatério seja abandonado e substituído por perimenopausa.

Usarei a palavra climatério para designar a minha perimenopausa. Acho mais bonito o nome.

Para quem nunca passou pelo climatério e menopausa, somos dramáticas; para os maridos, somos loucas; para os colegas de trabalho, somos frescas e, para nós mesmas, somos uma grande incógnita.

Em se tratando de menopausa, tudo é muito relativo. Parâmetros sociais, econômicos, culturais e até étnicos influenciam nos sintomas da menopausa.

Os sintomas variam de uma cultura para outra, na Europa e na América do Norte, 85% das mulheres sofrem com as ondas de calor; no Brasil, o índice ainda é um pouco maior, 87%. Porém, no Japão, apenas 17% das mulheres sofrem com as ondas de calor e, na América Central (mais especificamente na região dos Maias), apenas 5% das mulheres sofrem com as ondas de calor.

Ainda assim, cada uma de nós vai sentir seus sintomas específicos e na intensidade particular.

Porém, pode ser que com você não aconteça nada disso, e que ótimo! Sinta-se privilegiada.

O que não dá para aceitar é uma mulher que não teve nada, nenhum sintoma, nos classificar como fracas, vulneráveis e vitimadas sem motivo.

Não aceito isso de jeito nenhum. Não conhece o que eu sinto, não me classifique!

Para muitas mulheres, a menopausa pode ser tranquila, mas, para a grande maioria, não é.

O fato é que nossos hormônios estão se despedindo e, para muitas mulheres, essa despedida não é nada tranquila.

É triste ver uma mulher que desconhece os sintomas zombar da outra que esteja em pleno calorão! Nós precisamos de respeito, de apoio e compreensão.

Nossos sintomas são o resultado de nossa genética + histórico clínico + estilo de vida. Assim sendo, nunca seremos iguais!

Nós não precisamos de quem nos critique, já estamos na fase crítica. Se ainda não chegou a sua vez ou se você não sente nada, agradeça por você não passar por isso e siga seu caminho.

Nós somos muitas, somos milhões e precisamos nos unir. Quando entrei no climatério, ouvi muitas risadas a respeito. Nunca aceitei. Os anos de silêncio e aceitação de nossas mães e nossos antepassados resultaram em sofrimento e solidão.

Chega! Nosso cenário agora é outro. Temos informação, temos tratamento, temos possibilidades diversas de cura e temos condições de nos defender.

Respeito é bom e gostamos!

11 - Uma história silenciosa

Quanto mais eu lia e aprendia sobre a menopausa, mais perplexa eu ficava.

As estatísticas mostravam que 35% das mulheres têm vergonha de falar que estão na menopausa. E têm mesmo! Eu vivi isso na pele. Ninguém queria tocar nesse assunto. E, para piorar a minha situação, eu não tinha uma amiga sequer que estivesse passando por isso.

Ninguém queria conversar sobre menopausa.

Conversar o quê?

Recorri aos livros, que se tornaram meus grandes companheiros. E descobri que esse sofrimento "velado" é mais antigo que podemos imaginar.

Na Grécia antiga, a menopausa era reconhecida como feitiço. Ou seja, a mulher, a partir da menopausa, estava enfeitiçada. No século XVIII, as mulheres na menopausa eram diagnosticadas com histeria.

E no Brasil, em pleno século XXI, ainda existem casos de mulheres que permitem que seus maridos coloquem outras mulheres dentro de casa, por se considerarem "inúteis" para o sexo após a menopausa.

Foram muitos anos de silêncio e sofrimento. Nossas avós e nossas mães sofreram caladas e sozinhas.

Mas nós podemos fazer diferente!

Hoje, temos informação, temos tecnologia, temos alternativas e tratamentos, além de excelentes profissionais no mercado, dispostos a ouvir e cuidar da mulher no climatérico e menopausa.

Na China, a menopausa é conhecida como uma "segunda primavera". E é vista como um momento positivo de criatividade e novos começos, quando as mulheres geralmente encontram uma voz nova e mais confiante.

Isso prova que o cenário está mudando e que esse silêncio está prestes a acabar.

Está na hora de mudarmos o rumo dessa história!

12 - A estratégia da pressão

— A senhora está suando? Está tudo bem?
— Sim (acrescido de um riso amarelo).
— A senhora está arrepiada! Está tudo bem?
— Sim (acrescido de outro riso amarelo).

Dez minutos depois...

— Nossa, a senhora está suando muito! Tem certeza de que está tudo bem?
— Sim, eu tenho certeza! (acrescido de ira misturada com vontade de sumir dali).
— Gente, chame um médico, essa senhora está arrepiada de frio, ela não está nada bem! Coitada!
— Coitada, é a senhora sua mãe que não deve ter passado por isso e a transformou nessa imbecil!
— E, para piorar, ela está alterada gente, cuidado!

A sala de espera do dentista se enche de gente. Não sei de onde surgiu tanta gente! Faxineira, protético, estagiário, menos

Hormônios me ouçam!

o dentista, todo mundo daquele estabelecimento resolveu aparecer na recepção para conhecer a "louca do calafrio", eu.

Juro que tentei manter a calma. Juro que quis ser o Spock e voltar para a Enterprise imediatamente. Não funcionou.

Todo mundo me olhando, esperando que eu dissesse alguma palavra, alguma coisa. Na cara deles, estava estampado o espanto comigo. O que será que essa louca tem? Percebi que eram todos jovens, iniciantes demais para entenderem o que se passava comigo.

Eu? Gastar meu inglês explicando grego para essa turma? Não vai valer a pena!

Para facilitar a conversa e resolver de vez a confusão, apelei para a clássica estratégia da pressão:

— Desculpem, por favor, eu estou fazendo uma dieta muito restritiva e provavelmente isso afetou minha pressão.

Ganhei poltrona especial, café fresquinho e biscoitinhos de canela deliciosos.

13 - As outras

Não durou muito tempo, mas eu confesso que tive raiva das outras.

Outras? Que outras?

Quando estamos no climatério e menopausa, colocamos todas as mulheres que não estão nessa condição como outras. É automático! Preconceito? Não. Raiva mesmo!

Tive raiva das bonitas, das magras, das que gostam de sexo e das cabeludas. Tive muita raiva delas. E, claro, das que não estavam na menopausa.

Eu experimentei ser amarga e invejosa por algum tempo. E posso dizer que esses sentimentos nos estragam por inteira. É um amargor que começa na cabeça, percorre a gente por inteira e termina na boca. O semblante de uma pessoa amarga é tenso, carregado e trancado para mudanças.

Por que eu? Por que só eu? Por que nesse momento?

Um dia percebi que aqueles sentimentos todos só prejudicavam a mim mesma. Eu estava infeliz. E, definitivamente, eu não tinha a menor vocação para a infelicidade. Precisei ir a fundo na minha raiva. A raiva era de mim. Era raiva da minha condição. Precisei me perdoar. Precisei me amar do jeito que eu estava, no chão. Precisei me amar fora do peso, fora de forma, fora do controle e fora do padrão.

Precisei me aceitar como eu era de fato. E nunca mais me comparar com mais ninguém.

A outra pode ser linda, bem-sucedida, magra, saudável e tudo de mais maravilhoso que tiver. Mas ela não viveu a minha vida, não correu os meus riscos, não enfrentou os meus desafios e não experimentou as minhas alegrias.

Hoje tenho amigas lindas, lindas de verdade, lindas por dentro e por fora. São mulheres de todas as idades e de todos os estilos. Olho para elas com ternura e amor. Sou orgulhosa delas, de suas lutas e suas histórias. Juntas rimos, choramos, festejamos, compartilhamos experiências e nos ajudamos.

Perdi o preconceito, parei de comparar e ganhei um monte de mulheres no meu caminho. São colegas de trabalho, amigas, vizinhas, primas, sobrinhas, cunhadas, amigas antigas, amigas novas, amigas de perto e amigas que eu nunca vi. Amigas que a escrita me trouxe ou que a menopausa me trouxe, e que chegam todos os dias de todos os lugares do mundo. Mulheres que, assim como eu, lutam suas lutas e buscam suas felicidades, muito além do que se vê.

Porque tudo que vemos é breve.

O essencial continua invisível para quem ainda pretende comparar!

14 - Cadê o remedinho?

Àquela altura, eu já estava desesperada em busca de uma solução para o meu pacote de sintomas. Eu me sentia uma extraterrestre no meio da rua lotada de mulheres.

E aí? Essa coisa tem solução?
Vai ser assim para sempre?
Será que esse é o marco zero da velhice?

Por uns dois anos, eu andei atrás de um remédio. Um remédio, uma pílula mágica que desse conta daquela tormenta. Eu tinha enxaquecas horríveis, muita insônia e fogachos que mais pareciam um incêndio particular.

Fiz reposição hormonal, mas até chegar ao medicamento adequado para mim foram dois anos de tentativas.

Ainda assim, mesmo com a reposição hormonal, que resolveu vários dos sintomas, eu ainda me sentia diferente. Eu me sentia feia, cansada, fora de moda, gorda, sozinha e desanimada.

O que eu mais demorei para entender é que, para esses sintomas, não havia pílula mágica. O climatério não é uma

TPM de três dias. Ele chega e se instala em nós. E cada uma de nós vai sentir seus próprios sintomas e suas intensidades particulares. Talvez por isso mesmo essa fase seja tão solitária! Não há comparação! O que resolveu para a minha melhor amiga não funcionou para mim!

A solução não era uma pílula. A solução não era o psicólogo. A solução não era a atividade física ou a mudança alimentar.

A solução seria tudo isso junto! A solução estava na mudança de vida e na mudança de hábitos. Resumindo, a solução estava nas minhas atitudes.

Um dia, entendi que eu precisava de um médico para me acompanhar e precisava levar a sério tudo aquilo que eu fiz mal e porcamente durante muitos anos. Chegara a hora de controlar de verdade a minha boca, a minha ingestão de álcool, a minha ansiedade, o meu cansaço, e para tudo isso eu precisava de muito mais que uma pílula.

Eu nunca acreditei em pílulas que resolvem tudo. A farmácia pode estar cheia de bons medicamentos, mas são necessárias as atitudes de procurar um profissional, fazer os exames prescritos, receber o diagnóstico, comprar o medicamento e fazer uso conforme indicado. Caso contrário, nada feito!

Então, as pílulas mágicas passaram a se chamar atitudes!

Esses foram os "remedinhos" que fizeram a diferença na minha vida.

Um dia compreendi que corpo e alma não só andam juntos como eles são um só na minha pessoa.

Eu não existo sem um dos dois.
Não há como cuidar só de um e deixar o outro.
Cuido dos dois e eles cuidam de mim.
Ambos me fazem funcionar, me fazem viver!

Leila Rodrigues

15 - Entre erros, tropeços e alguns acertos

Mulher acredita que tem um médico encarnado em si.

E, por isso mesmo, sai prescrevendo receita aos quatro cantos. Basta tocar no nome de qualquer doença perto de uma mulher e ela vai dar a você uma receitinha básica, sem nem pedir.

Na maturidade, e em especial no climatério, essa máxima se acentua. Uma mulher no climatério reconhece a outra de longe. Braço grosso, pele oleosa, cansaço, pelos no rosto, cabelos ralos… sinais vitais de que ele já chegou. E aí vem ela receitar para você alguma coisa para atenuar o calorão.

Além de experimentar todas as receitas "de rua", eu me tornei mais uma especialista em receitar.

Chá de amora, chá de hibisco, toalhinhas na geladeira (essa é boa realmente), leite de soja, maca peruana… as receitas são infinitas.

Interessada em acabar de vez com aquele "fogo do inferno", que me acometia todas as noites, preparei um litro de chá de hibisco com folha de amora. Foi um chá *power*.

Daqueles que fervem até quase virar um xarope. 200 ml duas horas antes de dormir e eu teria a noite perfeita.

Às 4 horas da manhã, eu acordo com febre, a boca mais proeminente que a da Angelina Jolie, o corpo todo empolado e a glote quase fechando.

Hospital, soro e dois dias para voltar ao normal.

Se eu tenho uma receitinha boa para você?

Tenho sim, claro. Procure um médico, faça seus exames, tire uma fotografia de você. Apenas o médico, de posse dos seus exames e do seu histórico, vai poder dizer o que é adequado para você. Ainda assim, somos soberanas na escolha do nosso tratamento.

Muitos fatores influenciam na hora de escolher o tratamento para o climatério e menopausa. Efeitos colaterais, genética, preço e estilo de vida.

Não brinque de médico com a menopausa. Todas as nossas predisposições surgem nesse momento. Todas as nossas fragilidades se acentuarão com a falta dos hormônios.

Você não é obrigada a fazer nenhum tratamento que você não queira, mas cabe a prudência naquilo que você não deve.

O importante é você se conhecer, conhecer as opções e se cuidar. Encontre a sua saída e fique bem com ela!

16 - É karma

Cleonice é uma pessoa do bem. Eu tenho certeza de que sim. Ainda assim, ontem, eu desejei matá-la três vezes.

— Você vai precisar de um médico. Você vai precisar de um bom médico! Bom, não? Excelente! Com especialização e tudo! E vai pagar uma fortuna de convênio. Acho melhor cancelar nossa viagem para o Chile porque você não vai ter condições de ir. Além do investimento, mulher na sua situação não suporta altitude. Isso não vai prestar!

— Sei.

— Ah! Você também vai precisar de um endocrinologista, porque essa coisa aí engorda só de pensar. Funciona assim, ó, piscou, engordou! E por tabela vai precisar de um dermatologista, porque vai despencar tudo. E vai precisar de um cardiologista, porque não tem coração que aguente o mau humor que vai tomar conta de você. Amiga, você não vai sobreviver sem um *personal*, na sua condição... não funciona sem um *personal* ao lado, assim tipo um general.

— Sei.

— Amiga, pensando bem, eu se fosse você, cortaria esse cabelo bem curto hoje mesmo, porque fogacho + cabelo comprido é ridículo e isso vai suar igual tampa de marmita na sua nuca. Melhor cortar o mal pela raiz. Aliás, por falar em cortar, eu estou muito preocupada com você, vai ter que cortar o chope de quinta e a feijoada de sexta. Pastelzinho, então? Nem pensar. Melhor se despedir agora para nunca mais voltar. E vamos pagar logo esse café aqui e desaparecer, fiquei sabendo que café é terrível para os fogachos! Oremos!

— Quer morrer agora ou daqui a cinco minutos?

17 - Sem culpa, sem rótulos

Tenho visto mulheres na faixa de 30 anos exaustas, com a libido lá no chão, mal-humoradas e prontas para brigar com o primeiro que olhar diferente para ela.

Então, se essas mulheres, que ainda estão longe da menopausa e já apresentam os mesmos sintomas, por que a culpa sempre é da menopausa?

As mulheres estão cansadas e mal-humoradas por diversos fatores. Trabalhamos demais, exercemos papéis demais, não damos atenção às nossas carências, carregamos o mundo mas costas, não cuidamos direito da nossa saúde, enfim... motivos não faltam para nos deixarem cansadas.

É preciso tirar o peso da menopausa de cima das mulheres. Não é fácil passar por ela. Não é fácil aguentar seus sintomas e tudo mais que a menopausa acarreta. Se é doença ou não, a essa altura não importa. São muitos anos suportando a menopausa nos ombros. Mas difícil mesmo é ouvir as pessoas atribuírem cada ato nosso à menopausa.

Se não queremos sair, é a menopausa. Se chegamos sem maquiagem, é a menopausa que está nos deixando desleixadas.

Se falamos qualquer verdade, é a menopausa que está nos alterando. Para!!!

Nós não deixamos de ser nós mesmas e nos tornamos uma menopausa ambulante! Nossos sobrenomes continuam os mesmos. Nossas faculdades mentais continuam as mesmas.

Nossa capacidade produtiva continua a mesma!

É preciso que nos defendamos desse rótulo.

Eu não sou uma menopausa ambulante e você também não. Temos uma essência, uma personalidade e opinião sobre os fatos. Sempre tivemos! Existe uma mulher ativa dentro de nós que, às vezes, é rendida pela confusão dos nossos hormônios. É fase. Vai passar.

Mas a mulher ativa e cheia de projetos não morreu! Ela ainda vive dentro de nós! Ainda que calada, ainda que sufocada pelos nossos tantos outros papéis, ainda que reprimida por nossos contextos.

E é essa mulher que devemos alimentar! É ela que precisa da nossa atenção e do nosso cuidado!

Lembremos disso! E não nos deixemos rotular.

18 - Antes e agora

Não tenho saudade da minha magreza. Meus peitos de ovo frito, meu nariz gigante. Eu não fui plenamente feliz com aquilo. Magra demais, complexada, miúda. Sonhava ter bundão, peitão e a cintura das gostosas. Luiza Brunet e Luma de Oliveira foram minhas musas, mas fiquei só na intenção. Gosto mais de mim hoje. Gosto das minhas curvas. Gosto das minhas carnes e embora o esforço para transformá-las em músculo seja muito cruel, depois que o colágeno não faz mais parte da minha produção própria, eu prefiro agora.

Tenho saudade dos meus cabelos. Ainda que nunca tenham sido fartos, tenho saudade deles compridos e bem mais apresentáveis que hoje. Acho graça do corte repicado estilo selvagem, que estampou as fotos dos anos 80. Não tenho vergonha de mostrar. Não se deve ter vergonha da história que vivemos, de nenhum capítulo. Mas voltando aos cabelos, hoje bem mais ralos, difíceis de sossegar e cheio de brancos. Luto para mantê-los aqui comigo e confesso que só melhorei depois que confessei para um profissional que eu não tinha um bom relacionamento com eles. Dali para frente, estamos nos entendendo.

Não tenho saudade da minha velocidade. Ela foi o motor que me permitiu cuidar da minha carreira, dos meus filhos, dos meus estudos e de tudo que me apareceu e eu enfrentei. Hoje produzo menos, porém, com muito mais alegria de viver. A produtividade faz falta? Sim, claro. Mas hoje reconheço a finitude do corpo e respeito os meus limites. Ainda existe vitalidade para muitos anos, mas não na mesma velocidade que antes. Então, concluí que foi maravilhoso ser produtiva, porém não justifica ter saudade.

Essa coisa do antes e agora é uma grande ironia. Será que antes era tudo fácil e lindo e agora ficou tudo difícil e ruim? Na minha cabeça, não existe o antes e agora. Existe, sim, uma continuidade em que as coisas mudam, nós mudamos, o mundo muda. Nessas mudanças, residem evoluções, aprendizados, consequências, perdas e ganhos. Antes tínhamos dificuldades, desafios, ilusões e pequenices. E agora continuamos tendo dificuldades, desafios, ilusões e pequenices. Mas mudam os objetivos, mudam os propósitos, os sonhos e as prioridades. Ademais, a luta continua.

Hoje, posso muito mais do que podia na minha juventude. Só não posso ter a minha juventude de volta. Mas que graça teria ter a minha juventude se eu não tenho mais "aquele" mundo ao meu redor?

A diferença do antes e agora é que antes eu não tinha a bagagem que eu tenho. Eu não tinha experimentado, eu não tinha caído, eu não tinha vivido a minha história. Então tudo era apenas uma grande expectativa. E é por isso que eu digo: no agora é o que eu tenho de melhor.

Ajeito os cabelos e vou.

Ajeito a roupa com a cintura que cresceu e vou.

Lá fora o contexto é outro.

Mas e daí? Eu também sou!

Eu e eu mesma

Era só eu no espelho,
eu e eu mesma.
E só nós duas poderíamos
dar conta disso.

19 - De frente comigo

Faz parte da natureza feminina querer cuidar de tudo e de todos. E comigo não foi diferente.

Porém, naquele momento, a minha mania de cuidar de tudo e de todos começara a me custar caro.

Filhos, pais, empresa, dever de casa de filho para acompanhar, cachorro, funcionários, marido, amigos, meta para bater mais um calorão do capeta e seus super-sintomas!!! Ufa! Cansa só de ouvir!

Essa coisa de ter que dar conta de tudo é insana!

Um dia me dei conta de que eu não dava conta!!!

Percebi que eu prestava atenção em tudo e em todos, menos em mim. Chegava ao final do dia exausta, acabada e confusa. Não sabia direito o que eu sentia.

Eu havia criado uma lista de coisas para fazer ou pessoas para cuidar e eu não constava nessa lista. Ou se constava, com toda certeza seria no final. Precisei criar uma fila nova e me colocar no início dela. Se eu não cuidasse de mim, correria o risco de não estar aqui para cuidar das outras pessoas que me cercavam.

Prestar atenção em mim foi meu primeiro ato de amor. Comecei a conversar comigo. Muito. Todos os dias. Perguntava por que eu estava assim ou assado, registrava meus sintomas, cruzava alimentação e sintomas, fui me conhecendo. Ao prestar atenção em mim, pude ver que eu tinha mais que um climatério acontecendo.

Ao prestar atenção em mim, conheci meus limites, minhas fraquezas e minhas fortalezas. Eu tinha ideias, projetos e sonhos que estavam à espreita, atrás dos meus sintomas do climatério.

O climatério havia me deixado com raiva. Uma raiva inexplicável de qualquer coisa, inclusive de mim. Prestar atenção em mim me fez fazer as pazes comigo. E certamente este foi o primeiro desafio que eu venci. Perdoar-me por tudo que estava acontecendo. Afinal de contas, eu não tinha culpa de algo que é uma fatalidade.

O climatério vai acontecer com todas as mulheres que um dia menstruaram. Se ele vai chegar cedo ou tarde, se vai fazer um estrago ou não, isso não dá para prever.

A partir daí, ficou mais fácil cuidar de mim. Ficou mais fácil buscar as saídas. Posso dizer que os meus olhos começaram a enxergar as saídas.

20 - Eu no início da fila

Sempre sonhei com a maturidade. Desejei que ela, a maturidade, chegasse à minha vida como se deseja um trono. A maturidade, essa dama imponente da colheita. Aquela que desfila conhecimento, elegância e poder tão naturalmente que desconcerta a plateia.

Se eu tivesse que traduzir a maturidade em uma pessoa, certamente seria Costanza Pascolato ou, quem sabe, Fernanda Montenegro.

Mas comigo aconteceu tudo muito diferente. Não tinha *glamour* nenhum. Existia uma pessoa cansada, que engordava a olhos vistos, desanimada e no fim da fila.

Pense numa pessoa irada. Era eu!

Que sacanagem foi essa do destino me jogar nessa fogueira sem nenhum aviso prévio? Onde foi parar minha vitalidade? E minha paixão pela dança? E as minhas curvas tão minhas? Eu quero a minha vida de volta! Eu quero aflorar a Costanza que vive em mim!!! E nada de Costanza aparecer.

Um dia, Costanza apareceu na minha frente. Linda! Impecável! Exuberante! A maturidade perfeita encarnada numa mulher.

Não me fez nenhuma pergunta, não elogiou meu corte de cabelo e não percebeu minhas unhas gastas de tanto cuidar de casa.

Simplesmente olhou para mim e disse:

— Está fazendo o que, até hoje, no fim dessa fila?

Antes que eu respondesse, ela sumiu. E eu fiquei com aquela cara de cachorro que perdeu o osso.

De lá para cá, eu tratei de tirar todos que estavam na fila, da minha frente. Não consegui desaparecer com eles, apenas os coloquei depois de mim.

Filho, marido, vizinho, cunhada, amigo, manicure, televisão, cachorro e adjacências disputam a tapa o segundo lugar.

Já aprendi a fazer meu próprio coque de cabelo e adotei o básico chique como *look* oficial. Só me falta a elegância de Costanza. Talvez eu tenha que nascer de novo.

Leila Rodrigues

21 - Para a menina que vive em mim

Acorda pequena. O dia clareou e você precisa vir comigo. Eu gostaria de deixá-la aqui quietinha, dormindo, agarrada aos seus lençóis. Mas preciso levar você. É parte de mim, é parte importante de mim.

Hoje não vamos ao parque. E certamente terá pouca chance de brincar. Hoje, temos mamutes e leões à nossa espera. Hoje é só uma quarta-feira como outra qualquer. Você pode achar que é crueldade minha levar você comigo para essa caçada cruel. Oh, minha pequena! Mal sabe que seu sorriso ingênuo no meio do dia e suas perninhas ágeis dentro do vestido florido são as minhas melhores armas.

É você que não me deixa sair sem os brincos. É por você que ajeito os meus cabelos. E sempre foi pensando em você que eu paro todos os dias no espelho e dou um sorriso. Sorrio para nós duas. E o meu sorriso quer dizer que somos uma só. Somos a parte que falta uma para a outra. Somos a história toda caminhando juntas. Eu, essa mulher crescida, desenvolvida e amadurecida pela vida. E você, essa criança que vive em mim.

Sou eu que acordo primeiro, mas é você que gosta de dançar. Sou eu que me preocupo com tudo, enquanto você espera a próxima chance de voar. Juntas fazemos tantas coisas, que já superamos nossas próprias expectativas. Juntas queremos salvar o mundo. Juntas, todas as viagens são incríveis e todos os sabores, inesquecíveis. Juntas temos um coração gigante que cabe quase todo mundo. Juntas atravessamos todas as pontes que aparecem pelo caminho.

Quando tudo escurece, é você que me lembra das manhãs de domingo ensolaradas que eu ainda terei. Quando tudo esfria, é você que se aconchega em mim até ficarmos quentinhas de novo. E quando todos se vão, somos nós, eu e você, que caminhamos juntas de volta para nós mesmas.

Vamos, pequena criança. O dia nos espera para fazer acontecer. Vai ser um dia longo, e a sua missão não é menor que a minha. Somos igualmente importantes no resultado final.

Na volta, talvez a gente conte os ladrilhos da calçada. Ou, se você estiver cansada, eu posso cantar para você.

É certo que voltaremos juntas. E descansaremos juntas numa poltrona qualquer.

Mas agora preciso que venha comigo. Pois sem você eu me perco de mim!

22 - Eu comigo e eu mesma

A semana havia sido intensa. Muito mais do que eu achava que poderia suportar. Tudo me exigiu. Tudo me requereu esforço, decisão, pensamento e dedicação, ao mesmo tempo em que todos os meus papéis brigavam para não ter que contracenar. Ninguém me perguntou se eu poderia, se eu gostaria ou se eu queria estar ali.

A vida é assim mesmo. Não nos pergunta se queremos. Joga-nos precipício abaixo para ver no que vai dar.

É parte do processo!

Passado o meu furacão particular, como passam todas as nossas tormentas solitárias, hoje eu acordei com a certeza de que precisava de um pouco mais de mim. Por mais que eu tivesse pessoas maravilhosas ao meu lado, naquele momento eu queria a minha própria companhia.

Então, eu encostei a general que vive em mim no canto da minha sala de estar e saí para o meu dia, disposta a fazer desse um dia de mim.

Hoje eu me dei licença para não pensar em trabalho, em casa, em filho, em marido, em cliente, em fornecedor, em negócio ou em qualquer coisa que demande meu raciocínio lógico.

Hoje foi dia de ouvir a minha *playlist* e cantar junto com aqueles que um dia cantaram alguma coisa que tocou meu coração.

Hoje foi dia de reler meus velhos livros e descobrir um novo sentido para aquela velha frase que eu marquei há anos e nunca mais voltei a ler.

Hoje eu fiz questão de preparar um café só para mim e ser a minha melhor companhia. Hoje foi dia de pegar sozinha alguma coisa no maleiro, mesmo que isso tenha me custado um estalo na coluna. Hoje eu precisei ficar só com a minha cachorra para perceber o quanto ela respeita o meu silêncio mais do que muita gente!

Hoje eu escolhi não sentir saudade e não esperar ninguém chegar. Hoje foi dia de encurtar a distância entre mim e meus valores, meu coração e meus sentimentos mais profundos. Hoje, o silêncio me contou mais de mim do que todas as horas que eu falei para alguém. E o nada que eu fiz preencheu todos os espaços que a minha mente precisava para se recompor.

Nada me faltou, nada me excedeu, as coisas apenas se encaixaram num espaço mínimo entre mim e os meus valores. Tranquilamente assim. E todas as canções foram cantadas, todos os sabores foram sentidos na mais perfeita simplicidade de ser.

Pode até parecer solidão. Mas é só eu cuidando do meu relacionamento comigo. Prometo voltar amanhã, cheia de espaço para você!

23 - Do lado de cá

Bateu a porta e saiu. Deixou-a sozinha, encolhida no canto do sofá, com seu vestido de flores desbotadas pelo dia a dia. Fez-se um grande silêncio. Um silêncio ensurdecedor. Ela contou os ladrilhos, mediu-os sem desviar os olhos um só minuto do chão. Ficou ali parada por um tempo que nunca soube medir.

Seus olhos não choraram, sua alma estava completamente seca, árida como a terra que ela deixou um dia para viver um grande amor. Tanta dedicação e tanto cuidado não foram o bastante. Olhou ao seu redor. A casa fria, os móveis velhos, poucos. Básico, assim como tudo que foi vivido naquela casa. Apenas o indispensável, necessário... E o amor fecunda no dispensável, na sobra, no desnecessário e desmedido.

Experimentou pisar no chão. Parecia flutuar. Era como se o chão não quisesse receber o seu corpo. As paredes encardidas, cálidas, pareciam dizer que não foi só ele que se foi, a vida naquela casa se fora também. Não agora, não junto com ele, mas certamente se fora em algum momento dentre os tantos momentos de silêncio e distância entre eles. Olhou para a parede e procurou respostas para as suas tantas perguntas. Sua cabeça ainda estava no timbre da porta batendo. A dor de quem fica do lado de cá da porta cheira a prisão. Gaiola vazia. Libertar-se fica mais difícil porque a sensação é de que a liberdade é direito de quem foi e não de quem fica. E ela havia ficado. Ficado com os restos, com as sobras, com as histórias e memórias de uma relação que chegou ao fim.

Caminhou até a varanda e olhou o tempo lá fora. Fechou vagarosamente a janela e trancou a porta. Só lhe restaram os móveis e as mesmas paredes de sempre. No intuito de arranjar imediatamente companhia, ela olhou em volta e pensou: vamos meus caros, ficamos apenas eu e vocês. Sofá, parede, relógio, cômoda... Por ora, vamos todos dormir, que a hora agora não é de fazer. É preciso dormir para esquecer o som da porta batendo. É preciso não fazer nada por algum tempo. Amanhã começaremos alguma coisa, qualquer coisa. Algo que faça o tempo passar, algo que traga vida à minha vida e a este lugar.

Olhou novamente para a parede encardida, sorriu e pronunciou as primeiras palavras depois que a porta bateu:

— Amanhã, lindinha, eu pinto você de azul! Será um bom começo!

Eu e minha saúde

Há uma desordem acontecendo dentro de mim,
que não me deixa sequer precisar onde dói.

24 - O susto

Cuidar da saúde, no climatério, vai muito além de tomar um remedinho para dor de cabeça. O climatérico não tem pressa. Ele quer conviver conosco. Quer testar nossa capacidade de suportar as suas surpresas.

São o estrogênio e a progesterona, que não produzimos mais. Enfim, nossos hormônios, responsáveis por inúmeras funções em nosso organismo, estão encerrando sua produção.

A turma responsável por nossas curvas, nossa seiva genital e toda nossa feminilidade está de partida.

Cabelo que cai, pele que despenca, unha que quebra, sono que desaparece, libido que desaparece... ufa!

Será que não tem nada bom nesse negócio?

É uma surpresa a cada dia!

Não sabemos como será o amanhã!

Pode ser que eu amanheça bem, pode ser que não. A minha amiga teve sintomas emocionais fortes, solidão, depressão, apatia. Eu tive mais problemas físicos, enxaqueca, insônia, ganho de peso e suas recorrências.

No meio do caminho, descobri que tinha hipotireoidismo, pressão alta, hipersensibilidade hepática e um cansaço inexplicável.

Daqui para frente, cuidar da saúde ganha outro sentido. Eu descobri que precisava cuidar de mim por inteira. Que depois de me dar atenção, cuidar da minha saúde seria o meu segundo passo.

Comecei a enxergar prazer em cuidar de mim! Prazer em cuidar do meu corpo, da minha mente e da minha alma.

Na acupuntura, voltei a dormir bem. Na meditação, eu me encontrei comigo. Na oração, me encontrei com Deus. Na Ioga, descobri o poder da respiração e o prazer do movimento. E, na musculação, luto até hoje para trazer de volta os meus músculos tão lindos que escorreram pelo ralo junto com o que restava de colágeno.

O fato é que o climatério faz você olhar para si mesma de uma outra forma. E cuidar-se ganha outro sentido.

Não dá para fazer tudo. As opções são muitas. Mas dá para fazer escolhas. É preciso fazer um quebra-cabeça dos nossos dias e encaixar o que puder dentro do espaço que temos.

Achei o meu jeito, achei as minhas saídas. Ouvi meus instintos. E eles me conduziram até as alternativas.

Só assim o susto encontrou a sensatez necessária para acalmar de novo.

25 - Para lembrar um dia

Esqueço a chave na porta! Esqueço de trancar a porta! Por pouco não me esqueço onde fica a porta! O que é isso? Onde foi mesmo que eu deixei a chave? Onde foi que a chave me deixou? Esqueci o fogo ligado, esqueci de pagar a conta, esqueci o nome da vizinha e esqueci o filho na escola! Desordem.

Tenho vergonha de mim, vergonha de não me lembrar do óbvio. Tenho raiva do óbvio que, de repente, ficou contestável. Até ontem eu mantinha a ordem de tudo ao meu redor, hoje não consigo mantê-la dentro de mim. Fico triste. Faço-me só. Começo a fingir que não sei o que eu estava tentando me lembrar. Escondo-me de mim mesma. Mudo de assunto comigo. Começo outra coisa, penso em outra coisa e me esqueço de que me esqueci.

Lembro-me do caso e não me lembro da pessoa, lembro-me da data e me esqueço do compromisso. Lembro-me do compromisso e me perco no calendário. Oh, céus!

Lembro-me quando não quero, lembro-me quando não preciso ou me lembro da palavra depois da discussão. Que atraso! Perdi o trem!

Paradoxalmente, lembro mais da minha infância, lembro da rua de chão batido em que eu brincava, lembro da merenda que servia no grupo escolar e da amiga da minha mãe que parecia uma boneca de tanta base, Silvinha o nome dela.

Por que eu fui me lembrar disso agora? Não é preciso e nem faz sentido! Mas a minha memória anda assim, viajando sem a minha permissão, me traindo quando eu mais preciso. Eu acho mesmo que ela se desconectou de mim. E desconectadas, separadas que estamos, não conseguimos nos encontrar. Eu dou um comando, ela entende outro. Eu chamo para a cena, ela insiste em voar. Eu, um ser dependente. E ela, independente mente!

Tento a meditação. É bom, mas não me salva das recaídas. Converso comigo, me chamo atenção, me chamo de volta para o agora. Difícil, quando passado e futuro divagam feito almas penadas ao meu redor. Do passado, nostalgia; do futuro, incertezas. E os dois disputam seus lugares na minha cabeça, cansada de esquecer.

Então, rio de mim, rio da confusão que faço na hora de contar um filme, rio de ter esquecido o presente de aniversário e, quando rio, aprendo que esquecer alguma coisa é parte do pacote.

Concluo que a minha memória prefere o ontem, anda nostálgica. E eu, cheia de "agoras e amanhãs" não me dei conta disso. Então, relembro as músicas da minha juventude e canto bem alto. É a minha forma de trazê-la de volta para junto de mim.

Quero um remédio, quero um refúgio, quero um dia vazio de pensamentos. E tudo haverá de ser como antes. Eu, minhas derrapadas e as minhas coordenadas na mesma sintonia.

Ela e eu, de novo, em um corpo só!

26 - Entre quatro paredes

O primeiro ginecologista ou a primeira ginecologista ninguém esquece. Medo, vergonha, novidade e aprendizado. Porém, é no climatério que o nosso relacionamento com o ginecologista se estreita.

Ou, pelo menos, precisa se estreitar!

É preciso um pouco mais que respeito entre médico e paciente. Para nós, pacientes, é preciso nos desnudar. É preciso coragem para dizer o que não está bom. É preciso determinação e muita atitude para mudarmos um quadro que parece estar decretado sem solução.

A maturidade, por si só, exige atenção. É na maturidade que os fatos combinam entre si para acontecerem de uma vez, ninho vazio, aposentadoria, pais que se tornam filhos, câncer, perdas, mudanças bruscas, predisposições...

Infelizmente ainda vivemos num país que cuida da doença e não da saúde. Quisera eu que as jovens meninas começassem agora a cuidar de sua saúde. Com toda certeza teriam uma menopausa muito mais tranquila do que nós.

Por ser tão particular, a menopausa exige atenção redobrada.

Hormônios me ouçam!

É preciso fechar a equação diagnóstico X genética X histórico clínico / estilo de vida + riscos + condições físicas e psíquicas. É muita coisa!

Muito acerto a ser feito.

Se levarmos ao pé da letra, é preciso uma junta médica para cuidar de tudo.

É preciso muito mais que competência técnica para ser um bom médico que trata a menopausa.

Um dia chegamos ao consultório chorosas e cansadas. Noutro, felizes e cheias de projetos.
Um dia sentimos dores até nas unhas
No outro, só amores...
Nem Freud teria uma explicação!
Quanto mais informada sobre si, mais ela ajuda no diagnóstico. Quanto mais informada sobre alternativas e possibilidades, mais ela facilita o tratamento.

Quanto mais aprendemos sobre menopausa, mais ela deixa de ser um monstro em nossa vida.

Uma mulher consciente do seu corpo e de suas potencialidades chega ao consultório médico com problemas e sai com possibilidades de solução cada vez mais assertivas.

O que faz a diferença é dizer ao seu médico o que ninguém sabia até então. Entre quatro paredes, confesse seus desconfortos, suas dores reais e seus medos. Entre quatro paredes, seja tão sincera quanto é com você mesma. Entre quatro paredes, confie que aquele ser humano que ouve você pode enxergá-la muito além das suas patologias.

Confiança, empatia, competência, engajamento, estudo

e renovação constante, respeito e interesse genuíno na cura: são esses os atributos que diferenciam um médico do outro.

Um médico que cuida da menopausa vai muito além da ginecologia, muito além do útero ou da genitália feminina. Afinal, corpo e alma não se separam e a menopausa não avisa onde vai atacar.

Se entre quatro paredes não conseguimos nos sentir seguras para destilar nossas verdades, mudemos de paredes.

Não se automedique, não brinque de médico com o climatério e a menopausa.

A linha entre a prepotência e a ignorância é tênue demais.

Qualquer deslize pode ser fatal!

27 - A consulta

Doutor, eu já cortei o açúcar, o sal, a gordura, o álcool, a carne vermelha, o arroz, o glúten, a lactose e os amigos. O que mais eu vou ter que cortar? Sim, porque só me falta agora cortar os pulsos.

Ainda assim, hei de vencer! Tomei algumas medidas que vão contribuir muito para esta etapa da minha vida. Já cortei a empregada, limpar a casa ajuda a fortalecer os músculos, cortei para sempre a padaria, porque leite e pão hoje em dia são dois vilões, cortei o álcool até da limpeza, para não ter perigo de recair, e amanhã cedo vou cortar a TV, porque esses programas culinários estão arruinando a minha meta!

Doutor, por favor, me diz se, em algum momento desse corte coletivo, eu vou poder cortar o que realmente me interessa, a minha fome!

Eu preciso parar de ter fome, Doutor! O problema é que a minha fome é diferente das demais. A minha fome é na cabeça! Eu penso em comida, eu medito com comida, eu tomo café da manhã pensando em qual será o cardápio do almoço. Fale para mim, Doutor, é ou não é uma cabeça de gordo?

Doutor, na última vez que eu estive aqui, o senhor me

pediu para cortar a farinha branca. Eu cortei a branca, a preta, a amarela, todas! Lá em casa, farinha não entra mais. O problema é que eu continuo pesando aquele mesmo peso do mês passado, que eu não posso expor aqui, claro! Doutor, eu sei que eu estou alterada. Meu marido já me disse isso, a minha mãe e as minhas amigas também! Mas eu tenho motivos. Uma pessoa que se alimenta de alface, clara de ovo, batata doce e água tem todos os precedentes para ficar alterada. Eu perdi o sabor!

Doutor, eu sei que a minha gordura reside muito mais na minha cabeça do que no meu abdômen. Afinal, pesar 70 quilos não deveria ser motivo para esse pânico todo. Em algum momento eu criei esta meta de emagrecer e agora não consigo sair dela.

Por favor, Doutor, me receite algo para sair desta onda maluca que eu entrei. Emagrecer não pode ser assim! Será que o senhor não teria uma pílula? Isso! Um remedinho desses mágicos que devolva a minha magreza e, consequentemente, a minha felicidade?

O quê? Rivotril? Emagrece? Não sabia!

Doutor, a medicina anda tão maluca!

28 - Saudade de mim

Quando coloquei a cabeça naquele tapete e fitei a luz azul, foi como se eu tivesse viajado no tempo. No silêncio profundo da sala de ioga, as lágrimas rolavam pelo meu rosto sem que eu tivesse uma explicação. Deixei que caíssem. Eu me permiti chorar. Apenas senti o líquido quente escorrendo pela minha pele da face. Era saudade. Saudade de mim...

Na vida, fazemos escolhas, e escolher é distanciar de alguma coisa em detrimento de outras que, certamente, são mais importantes. E quando paramos para pensar, não sabemos onde foram parar nossas alegrias.

Começa assim, um dia você deixa a aula de violão para fazer inglês, porque o inglês é mais importante para a sua carreira. No outro você deixa de fazer terapia porque tem que levar o filho para a natação. Mais adiante, para de caminhar porque comprou seu carro e, quando percebe, nunca mais você viu as flores do caminho que faziam tão bem.

Bate uma saudade estranha, sem identificação. Saudade de um tempo que não sabemos mensurar. São as nossas escolhas que ficaram ao longo do caminho. Perceber essa nostalgia não é tão simples assim. Alguns adoecem e outros se deprimem sem saber por quê. E ainda tem aqueles que não adoecem, não se deprimem, mas ficam amargos e infelizes. Nem a fama, nem todos os diplomas, nem todas as posses conseguem resolver isso, porque esse problema não está nas coisas, está dentro de nós!

A menopausa me fez dar uma volta na minha história e resgatar minhas saudades. Aprendi que a minha saúde ia muito além da caixa de comprimidos que eu tinha em casa. Assim como a ioga, fez parte da minha saúde a dança, a natação, a meditação, a acupuntura e o chá de sábado à tarde com as amigas.

Pode ser que eu ainda retome um velho *hobby* ou pode ser apenas uma aventura para matar a saudade. O importante é dar asas à nostalgia e ser feliz com essa escolha que é só minha.

Não precisei vestir as batas que usava na juventude, nem o cabelo amarrado com contas como eu fazia. Hoje não sou mais aquela mesma pessoa de outrora. Mas voltar àquela sala de ioga foi o melhor presente que eu me dei. Saí renovada e certa de que a nostalgia não é tão difícil de resolver assim!

A minha Harley Davidson me aguarda!

Eu e os outros

Será que eles ainda me amam?
Será que eles sabem que ainda sou eu?

29 - Os laços

Ao longo da vida, vamos criando laços com as pessoas. Com algumas já nascemos entrelaçadas. E enquanto vivemos vamos transformando esses laços, vamos nos entrelaçando neles.

Por querer ver tudo certo, muitas vezes nós colocamos as pessoas à frente das nossas necessidades e de nossas vontades. Chegamos à maturidade com os laços completamente equivocados. Amarramos com tanta força nossos laços que os transformamos em nós.

Laços envolvem, nós aprisionam!

Refazer os laços é dar às pessoas que convivemos o seu devido lugar. É restabelecer as hierarquias das nossas relações.

Refazer os laços é reconhecer a importância das pessoas em nossas vidas e dar a elas um bom lugar dentro do nosso coração. Um bom lugar, não o trono.

Refazer seus laços é enlaçar de novo com quem amamos e descobrirem juntos novas formas de ser felizes, novos espaços, novas emoções.

É perdoar quem tiver de ser perdoado, porque a esta altura de nossas vidas carregar mágoas só aumenta o nosso peso e agora precisamos ficar leves para viver tudo que nos espera.

Hormônios me ouçam!

Refazer os laços é aceitar as perdas, as idas, e deixar as pessoas irem de fato. É diminuir a bagagem da alma. Desatar os nós é perder a dependência daqueles laços que insistimos em manter amarrados.

Refazer os laços é deixar que o filho seja o pai dos filhos dele, que parceiros sejam realmente parceiros e não figurantes. Que patrões sejam patrões e não proprietários de nós, que os amigos sejam amigos e que nós mesmas sejamos as protagonistas da nossa história.

Refazer os laços nos deixa livres!

30 - Dia de filha

Depois da curva tem um flamboyant. Que nesta época do ano, quebra o verde do mato com seus tons de fogo. Meu coração se alegra quando passo. E me imagino deitada no chão coberto de flores... Ah! Tudo podia ser tão mais simples!

Deixo o flamboyant para trás e sigo firme na estrada. As primeiras construções começam a surgir entre as serras. E o meu coração parece o flamboyant que deixei na estrada.

É cedo. Muito cedo. A cidade pequenina mal começa a acordar. Quero chegar com o aroma do café coado na hora. E o cheiro de biscoito frito ainda recendendo pela casa.

Só de lembrar que hoje não tenho que usar salto, nem maquiagem, e que meus cabelos podem seguir o vento sem culpa, já me sinto descansada.

De todos os hotéis que já visitei neste mundo, este é sem dúvida o que eu pagaria qualquer quantia para me hospedar. De todas as cidades lindas e maravilhosas que eu conheço, nenhuma delas toca meu coração como aquela placa velha de boas-vindas que tinha meu nome bem no cantinho. Minha cidade. Minha infância. Meus pais.

Quando entrei na casa de piso frio, no meio do silêncio da manhã e dos primeiros raios de sol, os dois conversavam tranquilos sob o pé de acerola que precisava ser podado. Fiquei parada em silêncio, ouvindo uma aula de quase 60 anos de união. Ela ainda põe mais açúcar no café dele. E ele a espera se assentar ao seu lado para começar o café da manhã. Há tempos não dizem que se amam, há segundos se falaram com os olhos.

O susto com a minha chegada interrompeu o momento mágico. Seus olhinhos brilhantes reforçaram em mim a certeza de ter feito a escolha certa. Aqui estou eu para viver dois dias de filha. Dois dias sem cliente, sem fornecedor, sem CNPJ, sem meta e sem trânsito.

Dois dias para comer banana frita sem me lembrar do endocrinologista. Dois dias para ser apenas a filha deles. Dois dias para relembrar o quanto tudo é tão simples e tão grandioso junto deles. Dois dias para ser de novo a menina que adora abóbora com carne de sol. Dois dias de criança no meio da minha vida tão adulta.

Faltam-me as tranças de tempos atrás e as canelas finas que subiam nas árvores. Sobra-me disposição para ouvir a mesma história pela décima vez e a discussão dos dois sobre o padre que fez meu batizado. Eles cochilam no meio da conversa e agora sou eu quem os coloco para dormir.

Tudo passa tão rápido. Se será pouco ou muito, não sei precisar. Mas digo a você que serão dois dias mágicos. Dois dias para lembrar de novo todas as histórias em que eu fui protagonista e nem me lembrava mais.

A criança que um dia foi ao toró beber água e não achou retorna à fonte da magia.

Nem ouse me tirar daqui, porque eu só volto depois de me afogar.

31 - Best Friend Forever

É com ela que vai chorar, quando aquela tristeza sem precedentes abater e você não saber explicar, nem para si mesma, o que está acontecendo.

É para ela que você vai contar que está com vontade de estrangular o marido ou a sogra ou a nora ou a cunhada ou o seu chefe. E depois da conversa, com certeza, a vontade terá diminuído.

É ela que vai dar um jeito de arrumar para você um vestido de última hora, porque o que você planejava vestir não coube nos seus braços.

É ela quem vai ter coragem de dizer que você está insuportável. E pode acreditar! Se ela falar, é porque você está mesmo.

É ela quem vai dizer que aquele vestido roxo que você comprou, para impressionar, não tem nada a ver com você.

É ela quem vai chamar você para um café quando tudo que você quer é sumir. E, juntas, vocês vão rir tanto que a vontade de sumir será substituída pela vontade de marcar outro café.

Ela não entende nada de filhos que namoram, muito menos do detergente que não resseca as mãos ou do problema de refluxo do seu marido. Mas ela entende de vida, entende de amizade verdadeira e vai com você até Marte se preciso for.

É ela que estará à disposição para ajudar a achar outro médico, outra secretária, um sapateiro, uma faxineira nova ou um lugar escondido para você cair na gandaia sem que ninguém saiba. Enfim, ela vai investir tempo ajudando você em alguma coisa.

Pode ser que você tenha uma única amiga que faça tudo isso ou várias para cada situação, não importa. O importante é você se sentir acolhida de verdade por alguém que só quer em troca o seu sorriso.

Amiga não é fornecedora, embora possa ser. Amiga não é parente, embora possa ser. Amiga é aquela pessoa que chega na vida da gente sem que nada explique e faz morada em nossos corações.

O meu período de menopausa, com toda certeza, foi quando eu experimentei a maior solidão da minha vida. E foram elas, as minhas amigas mais que queridas, que muitas vezes me salvaram de mim mesma.

Eu desconfio de que elas sejam enviadas dos anjos. E sou grata ao Criador, que sempre colocou amigas no meu caminho!

32 - Gênio moderno

Quando eu vi aquela fumaça no meio da sala, achei que era meu lustre novo caríssimo que estava pegando fogo. Corri para a cozinha para pegar água. Puro instinto de sobrevivência! Mas a voz doce que saiu do meio da fumaça me paralisou por completo. Fiquei estática.

— Não precisa se apavorar. Eu só quero ajudar.

— Ajudar com essa aparição bombástica? Precisa não, meu filho! Olhe aqui! Aliás, olhe não. Quem é você? Veio de onde? Está fazendo o que aqui dentro da minha sala? Quem foi que abriu a porta para você?

Ele sorriu com tanta tranquilidade que eu me senti uma adolescente. O moço era moreno, nem gordo nem magro, na faixa dos 40, disposição de 20 e sorriso de 12.

— Eu sou seu gênio, vim realizar seu desejo.

— Gênio! Risos... Ridículo! E cadê a lâmpada? Eu não esfreguei nada.

— É que as coisas evoluíram, senhora. Na era digital, eu saio do celular, as lâmpadas foram completamente abandonadas.

— Que pena! Era tão romântico! Mas a que veio mesmo?

Satisfazer meus desejos? Eu ouvi bem?

— Ouviu quase bem. Vim satisfazer o seu desejo. Um desejo. Singular. Único e ponto final.

— Mas como assim, só um? Eu com uma lista de necessidades gigantesca, nunca cruzei com um gênio na minha vida, você aparece e me diz que pode realizar um desejo apenas? Ô miséria! Até nisso estão economizando agora, é? Pense bem, não vamos nos ver nunca mais, eu não vou contar para ninguém...

— Nada disso! É um desejo e pronto! E escolha rápido, porque tenho que atender muita gente ainda. A fila está enorme!

Naquela hora, entrei em pânico! Nunca pensei que escolher fosse tão difícil! A minha cabeça rodava, todas as minhas vontades, dificuldades, especulações e pseudonecessidades entraram em profusão! Eu queria tudo! Como escolher uma coisa só? Pensei em pedir um carro, porque o meu já tinha dado o que tinha que dar, pensei em uma casa, uma cobertura no centro, uma viagem para a Europa, uma empregada nova, um *closet* abarrotado de novidades, um cheque bem gordo, uma barriga nova, ou melhor, uma não barriga. Superei minhas capacidades de tanto pensar e não cheguei a lugar nenhum.

Para ganhar tempo, convidei o moço para um café. Conversa vai, conversa vem, descobri que ele também gosta de Johnny Rivers e, consequentemente, de dançar. O moço adora um carteado, lava e passa suas próprias roupas e sabe fazer um macarrão com gorgonzola da melhor qualidade. E, o melhor de tudo, sem segundas nem terceiras intenções.

Somos amigos até hoje, inclusive ele é padrinho do meu filho mais novo.

O que foi que eu pedi? Ah, claro! Quase me esqueço de contar! Na verdade, não pedi nada. Não para mim. Pedi apenas para ele virar gente, afinal, amigo com esses predicados não está fácil de encontrar!

33 - Idas e vindas

Eu tinha 13 anos quando me apaixonei pela primeira vez. E foi quando eu entendi que precisava dormir, acordar, estudar, tomar banho... enfim, fazer tudo com o coração completamente inundado de alguém. Foi muito difícil! Difícil organizar as ideias, difícil concentrar, difícil não pensar, difícil me desvencilhar daquele ser que tomava conta de mim. Tomava conta de mim, do meu pensamento, do ar que eu respirava. Quase desisti de amar, mas não foi dessa vez.

Eu tinha 16 anos quando perdi a minha avó, que era uma pessoa muito importante para mim. E eu tive, de novo, de fazer tudo com o coração inundado da falta de alguém. Os dias eram intermináveis, a saudade parecia um furacão a me corroer por dentro. E viver foi novamente muito complicado.

Eu tinha 21 anos quando fui pela primeira vez deixada por alguém. Eu estava em pleno sonho, em pleno encantamento, quando tudo acabou. Foi um susto. Um baque! É como uma queda de energia no meio de uma festa e quando a luz volta não tem mais ninguém. Faltou chão, faltou ar e novamente o meu coração ficou inundado da falta de alguém. E foi pesado carregá-lo assim tão cheio de mágoas. E, mais

Hormônios me ouçam!

uma vez, durante um bom tempo realizei todas aquelas tarefas que a vida nos impõe com o coração carregado de dor.

E, assim, durante muitos anos eu andei carregando um peso maior que o meu. O do meu coração. Ora cheio de alguém, ora cheio da falta de alguém.

Muitos anos se passaram, muitas pessoas entraram no meu coração. Algumas estão até hoje, outras se foram sem deixar nenhum sinal. E ainda existem aquelas pessoas que foram breves, mas deixaram rastros eternos. Idas e vindas de minha vida. Coração movimentado esse meu!

Mas ainda que o preço de amar seja esse, eu prefiro assim. Talvez eu tenha, em algum momento, carregado peso demais. Talvez eu tenha carregado pessoas que já haviam ido. E, muito provavelmente, em algum momento eu carreguei mais do que eu poderia suportar. Mas vivi a alegria de ter um coração ativo. E sei que valeu a pena!

Hoje não conto mais quem entra ou quem sai. Isso deixou de ser importante. Muito menos quanto tempo ficou ou vai ficar. Abri as minhas portas e joguei as chaves fora. Afinal, se são pássaros aqueles que às vezes dentro de nós se aportam, que seja pelas suas asas a decisão de ir ou ficar. Se ficarem, que eu não os feche em minha gaiola. E quando se forem, que eu não alimente as suas sombras.

34 - Garotos não choram

Eu cresci no meio deles. Os homens! Tive a honra de ser criada entre eles, meus três irmãos e meu pai. E talvez por isso o meu apreço por eles seja tão grande. Profissionalmente escolhi uma área onde também prevalece o sexo masculino, tecnologia. E embora o nosso time feminino seja bastante unido, no meu trabalho convivo mais com homens do que com mulheres, pois os rapazes são maioria. E para garantir meu privilégio entre os meninos e me deixar PhD na convivência com eles, fui agraciada com dois filhos homens, meus dois amores que me desafiam e me ensinam todos os dias. Além dos amigos homens, que são muitos. Com toda certeza essa turma me influenciou de alguma forma.

Nunca me senti concorrente dos homens e muito menos subalterna deles. Foi com vocês, meninos, que aprendi a ser prática, direta e resolvida. Com vocês aprendi a gostar de futebol, de *rock* e de torresmo (minha perdição). Por causa de vocês, sei jogar bolinha de gude, ando em dia com as notícias do Brasileirão e sei comprar as melhores e mais confortáveis camisas masculinas.

Gosto da mistura, acho que o mundo é bom porque tem os dois, porque tem diversidade. Sempre enxerguei o ser humano que existe dentro das pessoas, independentemente de sua opção afetiva. E, embora às vezes eu fique indignada com os homens, que ainda precisam usufruir da força e da violência (física ou verbal) para vencerem suas fraquezas em relação às mulheres ou aos homossexuais, eu ainda prefiro acreditar que no mundo haja mais homens bons que ruins.

Mas por que falar de meninos aqui?

Porque nossos meninos precisam ser orientados para as oscilações e fases do sexo feminino. Orientados para a gravidez e o parto de suas esposas, orientados para a menopausa de suas mães, suas avós e suas esposas, que também chegarão lá.

Sabemos tão pouco de nós e os homens sabem menos ainda!

Eu acredito que a educação e a informação correta possam ser bases sólidas para que nossos homens consigam participar e ajudar de verdade em nossas fases "delicadas". Cobramos a participação deles, reclamamos da falta de apoio, falta de paciência e cumplicidade. Mas nem nós sabemos direito como exatamente eles podem nos ajudar.

Em um determinado momento de minha vida, precisei dizer aos meus meninos, meus filhos e meu marido que eu precisava de ajuda. Naquele momento, nem eu sabia como eles poderiam me ajudar. Mas dizer me trouxe um alívio e, ao mesmo tempo, a certeza de que dali para frente as coisas seriam diferentes.

De um lado ficamos nós, à deriva, à espera do apoio alheio, da compreensão e do carinho de quem nos rodeia. Mas sem esquecer de que estamos alteradas, nervosas, inquietas e arredias, nada propícias a receber ninguém.

Do outro lado estão eles, os homens, sejam eles o seu marido, seus filhos, seu irmão, seu pai, seja lá qual homem for. Eles estão do outro lado sem saber como agir conosco. Não existe escola para isso, não existe orientação. Tudo que existe são conversas paradas no meio do caminho, acusações e discussões onde se procura um culpado para algo que ninguém teve culpa.

Para que tenhamos qualquer apoio por parte deles ou de qualquer pessoa que nos rodeie, precisamos primeiramente estar receptivas a esse apoio. Em seguida, precisamos esclarecer os fatos, sem culpa e sem medo. Aí sim é possível, juntos, tratar das possibilidades e soluções.

É hora de dividir o fardo, de trabalhar melhor a logística da casa, de preconizar o descanso daquela que, incansavelmente, foi atenta a todos. Os meninos podem e devem colaborar. Os meninos, as meninas e todos que conviverem no mesmo ambiente.

É insano de nossa parte sofrer sozinhas e caladas. É insano a sociedade, a ciência e a família não se solidarizarem com um problema que afeta 99,8% das mulheres.

A geração que cresceu achando que "garotos não choram" ainda tem muito que aprender. Os garotos hoje choram. Orgulhosamente choram. Choram e participam, choram e discutem, choram e se posicionam, choram e sabem abraçar.

E eu torço de verdade para que esses novos garotos ensinem os velhos garotos a chorar.

Eu e minha sexualidade

Olhei para mim mesma e perguntei:
o que foi que eu fiz de errado
para mudar tanto assim?

35 - Libido, o deserto feminino

Pode ser que a nossa libido desapareça muito antes da menopausa. Pode ser também que as causas da falta de libido não tenham nada a ver com a nossa menopausa. Porém, indiscutivelmente, se ela sumir e estivermos na menopausa, a culpa será atribuída à menopausa.

O calorão afeta, a dor de cabeça afeta, mas até aí ninguém à nossa volta foi afetado. Quando o problema chega à libido, aí estamos falando de sexo, estamos envolvendo parceiro ou parceira, relacionamento, companhia... por isso o tema é complexo.

Ao longo da minha jornada, vi coisas muito absurdas por causa da falta de libido. Vi mulheres entregando seus maridos às outras, porque segundo o marido elas não prestavam mais. Vi mulheres pulando de alegria porque nunca gostaram de sexo e agora tinham um álibi para não ter que fazê-lo.

É importante não confundir falta de libido com ausência de amor. Baixa de libido é indisposição para o sexo, falta de desejo sexual. Ausência de amor é não suportar o cheiro do parceiro ou da parceira!!! A primeira tem cura quando a segunda estiver descartada.

Com o tempo, o amor vira amizade, que vira irmandade, e a essa altura o desejo se esvai. Mas se, lá no fundo, ainda existir amor, tudo pode ser revertido.

Falta de libido tem cura! Quando se quer ter uma vida sexual ativa, é importante saber que a falta de libido tem cura. A gente pensa que não, pensa que é o fim, pensa que o deserto se instalou em nós e não há mais nada a fazer! Calma! É preciso identificar a causa real e cuidar dela! Hoje são muitas as alternativas de tratamento para resolver o problema. Ginástica íntima, medicamentos, pomadas, terapias, *laser*, fisioterapia e pompoarismo, entre outras. Com tantas opções de tratamento, alguma coisa há de funcionar para você! Vá na fé!

Porém, não dá para resolvermos sozinhas. É preciso buscar profissionais que nos deixem confortáveis para falar sobre o assunto. Não confiar em poções milagrosas!!!

Vale dividir o problema, desde que com a pessoa certa. Vejo mulheres dividindo esse problema com um monte de gente, menos com quem realmente interessa, o parceiro ou a parceira. Se queremos encontrar uma saída, conversemos primeiro com a pessoa mais interessada nisso tudo. E, juntos, encontraremos a melhor solução.

Não se cura a falta de libido sozinha. O papel da outra pessoa é imprescindível para a reversão do problema. Quando dividimos, geralmente ganhamos um aliado e cada avanço pode ser comemorado como uma vitória.

Fingir, definitivamente, não é a melhor solução. Atire a primeira pedra quem nunca fingiu uma vez na vida!

Porém, fingir o tempo todo é falta de amor próprio. Nós não temos que estar dispostas todos os dias, nem atingir o orgasmo em todas as relações. Só temos que ser nós mesmas! Com todas as nossas potencialidades e limitações. Ou estamos na brincadeira para nos divertir ou juntamos nossas Barbies e podemos ir dormir. A falta de libido pode levar à atrofia vaginal, que, apesar de ter cura, causa dores insuportáveis. Nesse caso, fingir será impossível!!!

A libido não está no corpo perfeito, não está na vaidade, nem estagnada na juventude que se foi. A libido está escondida na nossa capacidade de querer usufruir do sexo como uma experiência divertida e agradável. Dentro de nós existe uma "mulher poderosa", que só nós conhecemos o seu potencial. E ela só acontece quando permitimos! Ela pode continuar lá, quietinha, deitada em berço esplêndido, ou acontecer de fato e nos proporcionar muitas alegrias.

Convém fazer-lhe uma visita!

36 - A primeira vez, outra vez

Enquanto ele dormia o sono dos justos, fui escorregando dos seus braços até sair completamente da cama. Como uma serpente. Silenciosa. De pé, procurei as minhas roupas espalhadas pelo chão e caminhei até o banheiro. Precisava dar uma palavrinha comigo mesma.

Olhei no espelho e me observei por alguns minutos. O que é que eu estava fazendo ali? Eu não me reconhecia naquela mulher. Eu não sabia se chorava de vergonha ou se ria da minha coragem. E sabia que vergonha e coragem não cabiam na mesma frase.

Vergonha de começar tudo de novo. Vergonha de uma primeira vez, outra vez. Não, vergonha de mim ou da minha decisão. Talvez a palavra certa fosse timidez mesmo. Timidez de quem ficou tanto tempo guardada em si mesma, que o lugar do outro já havia empoeirado, perdido a poesia. Vergonha dos meus filhos se me vissem naquela hora. Vergonha de ter tido coragem.

Ao mesmo tempo, um riso leve comemorava a minha, também tímida, coragem. Coragem de permitir que alguém entrasse em minha vida, depois de tanto tempo de portas fechadas. Coragem de assumir que eu também quis aquele momento.

Coragem de estar ali, coragem de viver de novo um momento adolescente. Coragem de assumir as minhas vergonhas.

Ali estava eu, do outro lado da parede, com vergonha de encarar de novo aquele mesmo homem que há pouco me fizera tão feliz. Desejei ter asas, desejei desintegrar-me, desejei que tudo voltasse ao nórmal. Meu quarto, meus livros, meu gato e minha velha xícara de café. Mas só tinha mesmo um banheiro todo bege, sem dono, sem identidade e um homem dormindo do lado de lá.

Lembrei-me de quando eu fugia da escola. Era tão fácil, tão rápido. Tive vontade de ser de novo aquela criança e fugir correndo daquele lugar. Uma vontade boba, ingênua. Comecei a rir de mim. Rir da minha criancice, da minha saída ridícula pela tangente.

Olhei para o lado e ele estava me olhando. Levei tanto susto que comecei a gargalhar. De aperto, de timidez, de vergonha e de coragem. Minha boca já não tinha o batom de ontem, meus brincos estavam dentro da bolsa e meus cabelos já não eram os tão lisos que ele tocou. Ainda assim ele me olhou querendo começar tudo de novo. Em plena luz do dia, sem a noite para camuflar os meus defeitos e sem o vinho para levitar nossas intenções.

Existe algo mais encorajador que isso?

37 - Carreira solo

    Nunca mais demorou no banho, nunca mais olhou-se por inteira no espelho. Corria de si. Corria do encontro consigo mesma. Para que encarar o que ela, definitivamente, não queria ver? Para que parar para observar um corpo que ela já sabia que tinha se transformado em outro?
    Naquele dia, ao cumprir o mesmo ritual automático do banho, ela passou a toalha pelas pernas e, quando levantou a cabeça, deu de cara consigo no espelho. Dessa vez não desviou o olhar. Dessa vez não disse a si mesma que tinha pressa. Sorriu. E percebeu que o seu sorriso ainda era o mesmo, embora os lábios não tivessem o mesmo frescor. Sorriu de novo, mexeu nos cabelos, virou-se por completo e deixou a toalha cair.
    Era ela com ela mesma. Mais ninguém. Sem meia luz e sem meias verdades. Um corpo mudado se apresentava à sua frente. Tocou-se nos seios tentando levantá-los. Lembrou deles exuberantes e das primeiras mãos que passearam por ali. Sentiu saudade de si. Sentiu saudade da sua própria seiva. Sentiu raiva por tudo que a acometia. Sentiu compaixão pela luta que travava com seus hormônios sem sequer ser preparada.

E como "nunca mais" é um tempo longo demais para ela aceitar sem antes exaurir as suas forças, contrariou todos os seus princípios e aceitou se tocar. Riu de si, da sua timidez ingênua, criança disposta a brincar. E num misto de total desprendimento e alegria, ela se tocou, se abraçou, se permitiu e se jogou. Até ouvir sinos tocando, nunca antes ouvidos. Até cair-se de cansada no chão frio do banheiro como se fosse uma cama macia. Até querer ficar ali até o dia acabar.

Seu coração pulsava em descompasso, seu suor escorria entre os seios, entre as pernas, entre seus contornos. Ela estava viva! Ela estava de volta! E isso ninguém poderia arrancar.

De todos os encontros que teve na vida, aquele encontro entre ela e ela mesma marcara o início de seu novo momento em sua vida.

Dali para frente, amar-se não era mais uma opção, amar-se seria a sua forma de viver!

38 - A decepção de Anitta

A fase de planejamento durou meses. Escolhi a dedo o melhor *personal trainer*. Ótimas referências, pós-graduação fora do Brasil, paciente, educado e, além de tudo, bonito. Também me consultei com o cardiologista, o endocrinologista e a nutricionista. Exames de ponta à cabeça e dieta prescrita exclusivamente para a minha pessoa. Respeitando a minha idade, a minha condição física e o meu organismo, em especial meu fígado, que é delicado. Para ficar melhor ainda, contratei uma pessoa para fazer drenagem linfática uma vez por semana. Só ela daria um jeito no meu pé gordo, devido à retenção de líquidos.

Tudo pronto para, passadas as festas de fim de ano, eu entrar com tudo no projeto "A inveja de Anitta".

Para garantir que tudo saísse conforme o planejado, avisei os amigos que a temporada de vinhos estava encerrada e que, se quisessem a minha companhia, que preparassem bastante água mineral.

Isso tudo sem falar no investimento. Tênis novo, *looks* modernos para praticar atividade física, você não faz ideia do quanto esses modelitos custam! Lista de suplementos

Hormônios me ouçam!

potentes e alimentação apropriada para a dieta perfeita. Antes mesmo de começar, eu já estava endividada para os próximos três meses.

E passaram as festas, o dia fatídico de pôr em prática o projeto seria a próxima segunda-feira. Só de pensar, a adrenalina subia. Corpo novo, eu "saradassa", tudo em cima, tudo durinho e a Anita me chamando para "queimar na laje" com a turma dela.

Faltam dois dias. Eu não paro de pensar na minha segunda-feira. A minha cabeça fervilha, meu estômago esfria, não consigo comer de ansiedade, tenho náuseas, uma dorzinha leve no abdômen. Ai, meu Deus! Tomo um remédio para dormir, tamanha a minha ansiedade.

Domingo de manhã, acordo e imagino o *personal* lindo me aguardando logo cedo, não consigo me levantar da cama, a dor aumentou, já vomitei duas vezes, tá tudo estranho, não estou entendendo mais nada, a dor ficou insuportável. Alguém me leva para o hospital, exame, injeção na veia, sala de cirurgia, retirada da vesícula urgente, dois meses de repouso. E lá se vai o *personal* bonitão, a Anitta e o meu armário lotado de suplementos.

Anitta que me aguarde no próximo clipe!!!

Eu e ele

Porque eu quero morrer
acreditando no amor.

39 - Acerto de contas

Ela não se reconhecia naquela mulher. Também não saberia precisar quando foi que tudo começou. Quando se deu conta, aquele lugar quente e úmido, que recebia sorrindo o pênis do marido, agora se fechara de um jeito que ela não conseguia explicar. Não era falta de amor, nem de desejo. Era algo muito mais profundo.

O sexo havia se tornado doloroso, difícil, incontrolável, inexplicável. Eram seus hormônios, era o climatério e seus assombros. Era sua musculatura que havia enrijecido. Deserto, terreno árido que não sustenta sementes.

Noites sem dormir, distância, apatia, silêncio... Entre uma insônia e outra, a insegurança, o ciúme e o medo de perder o seu lugar na vida do homem que ela amava. Sim, ainda que os 20 anos juntos tivessem levado a lascividade embora, sobrara algo lá no fundo que só poderia ser amor. Um amor cansado, um amor quase batendo em retirada, mas um amor.

Decidiu tomar sua primeira atitude: conversar com a pessoa mais interessada em tudo isso, ele, seu parceiro de tantos anos. Até aqui, carregava sozinha a culpa. A culpa por não funcionar, por não ser mais a mesma, por secar, por ver seus hormônios se despedirem sem a sua permissão e não poder fazer nada para que ficassem. Era chegada a hora de dividir.

Entre soluços e tentativas, ela precisou dizer que tudo que estava sentindo naquele momento, a dor, o desconforto e a apatia, por mais que lhe parecessem o contrário, não interferia nos sentimentos dela por ele. Não foi simples nem fácil. Contudo, eles precisavam experimentar a leveza de dividir um peso que cada um, no mais profundo silêncio, carregava sozinho.

Naquele momento, ela ganhou um aliado, um parceiro de verdade. E ele ganhou de volta a sua menina, aquela que ele teve que conquistar um dia. A partir dali, caminharam juntos em busca das soluções.

E a temporada de namoro recomeçou!

40 - O ponto equidistante

Um acorda cedo, o outro dorme tarde. Um virou vegano, o outro aprendeu a pilotar. Um conseguiu aposentadoria e o outro acabou de passar no vestibular...

É assim! Por mais que andemos juntos, de mãos dadas com quem amamos, a vida apresenta caminhos opostos para cada um de nós.

Cada um vai conduzir a sua vida conforme suas próprias expectativas. Cada um vai querer realizar seu sonho e, por mais que o outro esteja presente, sonho é singular, sonho é de cada um.

E quando nos damos conta, cada um caminha em uma direção diferente. Muitas vezes até oposta. Sobram as poucas horas exaustas depois do jantar, sobram os espaços ínfimos entre uma obrigação e outra, sobra um olhar apressado pedindo um pouco mais.

Tudo vai contribuir para que a distância aumente. O cansaço, os compromissos diferentes ou as propostas irresistíveis do mundo. É preciso resistir. É preciso resistir ao tempo, aos compromissos e às intempéries da vida. É preciso que haja entre os dois um ponto equidistante, um lugar no tempo e no espaço que seja só dos dois.

Um lugar onde eles possam se encontrar e, ali, naquele momento, não exista diferença alguma. Um lugar só deles. Um lugar ou um momento para chamarem de seus. Um lugar onde a linguagem seja a mesma, os interesses sejam os mesmos e o amor possa fluir tranquilo. É preciso ter um tempo para praticar o exercício do amor.

Uma vez encontrado esse ponto equidistante, vence quem faz bom uso dele. É preciso, sempre que possível, que se escondam nesse lugarzinho sagrado. É preciso deixar que o resto do mundo espere lá fora.

É no ponto equidistante que os dois se divertem, que eles riem um do outro, que eles contam as novidades, as conquistas e os sonhos. É ali, no ponto equidistante de cada casal, onde a mágica acontece. Onde a palavra intimidade tem realmente sentido.

É no ponto equidistante que os casais se fortalecem. E voltam revigorados para seguirem seus caminhos, juntos ou separados.

O ponto equidistante não exige pompa nem circunstância, não exige dinheiro, nem lugar marcado ou hora para acontecer. Ele simplesmente acontece. E valida em nós o mais nobre dos sentimentos, o amor. É ele que explica porque pessoas tão diferentes podem se dar tão bem, é ele que explica o que ninguém consegue entender.

Quem ainda não descobriu esse lugar ainda não sabe o que é amar. Caminhos que distanciam, distâncias que unem.

41 - As férias

Ela estava tão feliz, mas tão feliz, que estava estampado na testa dela que tinha algo acontecendo.

— O que foi que houve?

— Comigo? Férias?

— Como assim? Você tirou férias tem dois meses!

— Meu marido. Vai me dar um fim de semana de férias. Vai visitar um tio-padrinho lá em Montes Claros. E vai levar as crianças com ele.

— E você? Não vai por quê?

— Porque eu não posso fazer viagens longas. A minha menopausa não permite.

— Ah, pare com isso! Claro que permite! Menopausa não é doença!

— Não é mesmo. Mas você também não precisa espalhar, né? Eu estou precisando de férias! Férias de marido, de filho, de vida de casada normal, me entende? Meu sonho é passar um fim de semana igual a você, de calcinha e camiseta furada.

— Entendi, amiga. Vou ficar calada, vá descansar.

Primeiro dia das férias

Chegou do trabalho e foi logo tirando a roupa. Deixou tudo pelo caminho. Bolsa, sapato, acessórios, sutiã e demais pertences. Abriu uma cerveja e bebeu no bico. Sentou-se de frente para a TV e mudou de canal 355 vezes. Apagou no sofá.

Segundo dia das férias

Fez academia, correu, alongou, meditou, comeu na hora certa, comeu salada, bebeu água, respirou. Fez tudo que sempre teve vontade. Tomou banho de rainha, esfoliou a pele e se lambuzou de óleo. Encheu a cara de creme de abacate e se deitou bem no meio da cama.

Terceiro dia de férias, o último dia

Depilou, fez as unhas, colocou as pernas para cima, brincou de experimentar *looks*, deixou o quarto em petição de miséria, comeu *pizza* de chocolate, depois se arrependeu, ligou para as amigas e falou até entortar a boca, fez lista para as próximas semanas e desejou aquela vida sozinha para sempre.

Toca o telefone

— Amor não vamos voltar hoje. O carro deu um problema.

— Como assim? Deu problema? Não acredito que você não vai voltar hoje, amor, eu estou morrendo de saudade.

Amor, vai fazer o que aí nessa distância no domingo à noite? Aposto que você encontrou a Crislene, aquela "periguete acinquentada". Eu sabia! Essa história não vai acabar nada bem, eu não devia ter deixado você ir sem mim...

Dormiu à base de Rivotril.

42 - Amor e economia nos mesmos tempos verbais

Se tiver tempo, abrace demoradamente, mas se não der, olhe nos olhos e sorria. Se tiver dinheiro de sobra, dê aquela viagem para aquele lugar esquisito que a pessoa sempre sonhou, mas se não tiver, dê a ela um dia de sossego, que certamente ela também sonhou.

Se houver saúde e disposição, façam juntos algo radical, como escalar, voar de asa-delta, descer uma cachoeira ou correr uma maratona; vocês vão aprender planejamento, estratégia, liderança, gestão de risco e muito mais. Mas se não houver condições para tal, empreendam naquela mudança de hábito que vocês sabem que precisam. Vocês também vão aprender planejamento, estratégia, liderança, gestão de risco e muito mais.

Se tiver inspiração, escreva um poema, mas se não tiver, um bom-dia no espelho já faz efeito.

Se tiver condições, ouçam juntos a música predileta um do outro, mas se não for possível, lembrem-se um do outro quando ouvirem suas músicas prediletas.

Se possível, faça para o companheiro ou a companheira um jantar elaborado, arrume a mesa, coloque velas, flores, capriche no tempero e inunde a casa de cheiro. Se não der, faça com amor o velho e bom omelete, capriche também no tempero e arrume a mesa como se fosse um banquete. Vai saciar a fome e o coração do mesmo jeito!

Se tem tempo de sobra, ligue no meio da tarde para dizer que ama, mas se não tem, use 5 minutos da sua hora do almoço para saber como estão as coisas.

Criatividade é descobrir como alcançar o outro com as condições que você tem. Sendo assim, a intenção é mais importante que a quantidade. Você pode economizar tempo e dinheiro à vontade, mas nunca economize amor.

Não é necessário ser rico, nem bonito, nem poeta para amar. Também não é preciso ir além do seu limite, além das suas forças ou além das suas condições financeiras, só é preciso fazer. Fazer o que se pode, fazer o que o coração manda, traduzir em atos nossos sentimentos.

A convivência nos ensina a fazer o óbvio, o que é preciso. E ainda reza que o façamos todos os dias. Mas o amor se esconde nas entrelinhas das horas incomuns. Nas horas do aperto, da tensão, da necessidade, da dúvida, da dor ou da distância.

É no silêncio do outro que o amor precisa dos nossos atos. É aqui que experimentamos o amor genuíno e gratuito das pessoas. O resto é *outdoor*, propaganda, necessidade de aparecer.

O resto é qualquer coisa em busca de aplausos, menos amor.

43 - Ele fala

Não pense que eu não tenho opinião. Eu tenho. Eu ouço, eu vejo e, embora eu ainda esteja anos luz atrás da sua perspicácia em percepção, eu também percebo algumas coisas. Não são muitas, mas é um bom começo.
Eu vi você mudar. Não foi tão de repente assim. Você ficou estranha, arredia. Diferente das TPMs que eu acompanhei durante tantos anos. Na TPM, você sempre voltava para mim. Agora, não mais.
Eu sinto a sua falta. Sinto falta do seu cheiro, do seu aconchego e de você se aninhar nos meus braços. De assistir aos filmes abraçados, dos nossos apelidos só nossos e da sua falta de jeito em dormir sem roupa.
Não vou negar que sinto falta do beijo, da calcinha minúscula e do sexo. Sim, eu sinto falta do sexo! Sinto falta de tocar os seus seios e de ser tocado por você. E assim como é física a sua falta de interesse pelo sexo, é física em mim a necessidade dele. E aí? Temos problemas para os dois lados!
Você me deu dois filhos lindos, me deu a sua companhia inquestionável durante toda a nossa caminhada juntos e eu sou eternamente grato a você. Eu não teria ido muito longe sem a sua força ao meu lado.

Hormônios me ouçam!

E agora eu estou aqui, sem saber como agir, sem saber o que fazer, sem saber como nos ajudar. Eu ouço você falar de menopausa, eu ouço as explicações técnicas dos médicos, mas em momento algum eu ouço o que eu devo fazer.

Eu sei que você finge e finjo que não vejo. Estamos quites. Não é hora de achar culpados. Eu sei que você deseja que eu durma antes de você se deitar. Eu sei que você se atrasa e sempre arruma algo para fazer, sua forma de me evitar. Eu tenho que dizer que essa estratégia só faz piorar.

Se fico calado, sou insensível. Se falo, não tenho razão. Se chamo para o sexo, sou egoísta, se não chamo, estou tendo um caso.

Eu não tenho casos, eu não quero outra mulher e eu não sei lidar com isso! Eu quero a minha mulher! Aquela que, entre quatro paredes, é minha. Aquela que eu escolhi para viver comigo por minha livre e espontânea vontade. Eu quero abraçar e beijar a minha mulher.

Eu também posso aprender, posso ajudar e posso fazer diferente. Não é só você que muda com a menopausa. Eu, daqui do meu silêncio, observando tudo, posso garantir que mudei também. Não há como dizer que o problema é só seu, eu estou envolvido nele junto com você.

Então me deixe saber mais, me deixe participar, me deixe tomar posse da parte que me cabe neste latifúndio. E vamos juntos enfrentar essa estrada.

Se ainda resta, como você disse, algum sentimento por mim. É por ele que eu estou aqui.

Posso entrar?

44 - Insanidade na prática

— Amor, sente aqui. Eu preciso falar com você.
Ele desconfia que ela não estava bem e se senta calado no lugar onde ela mandou.
— Amor, eu não estou bem!
— Posso, faz...
— Não fala, amor. Só me ouve.
De novo, ele percebe que tem algo errado e simplesmente consente com a cabeça.
— Amor, é o seguinte, eu vou morrer mesmo, eu já sei. Essa menopausa mais essa enxaqueca dos infernos estão acabando comigo e eu sinto que não vou resistir.
— Acont...
— Sssshhhh. Não fala, amor, pelo amor de Deus! Deixa eu falar.
Agora ele tem certeza absoluta de que a coisa tá feia.
— Então, eu pensei bastante. Pensei muito mesmo, fazem três noites que estou pensando e está na hora de falar para você.
A esta altura, ele está suando de nervoso. Mas continua calado para não piorar a situação.
— Como eu vou morrer mesmo, eu quero que você se case com a Paty quando eu morrer.

— Ficou doida?! Que Paty? Morrer? Você está delirando!

— Não estou não, amor. Eu pensei muito, procurando uma pessoa bacana, boa para os meninos e para você, e eu tenho certeza de que a Paty vai fazer você muito feliz.

— Você está falando da Paty, sua amiga?

— Sim, ela mesma. Uma excelente pessoa para você se casar. Simpática, inteligente, educada e ainda pode pintar os cabelos de louro, que vai ficar mais bonita ainda!

— Mas ela é sua amiga e tem namorado!!!

— Tá tudo certo, amor. Não precisa se preocupar. Depois que a gente morre, essas questões são fáceis de resolver. Namoros terminam aqui e recomeçam logo ali com outras pessoas. Lá de cima eu cuido de tudo.

— Agora é minha vez de falar. Você está doida, a menopausa está mexendo com seus miolos. Não tem nada de casar. Você está aqui, viva, linda e eu estou aqui do seu lado. Tire essa ideia maluca da cabeça.

— Não posso, amor. É minha obrigação de mãe e de esposa ajudar vocês a encontrarem uma pessoa boa.

— Preste a atenção! Eu tenho competência para arrumar uma pessoa, caso você não esteja mais aqui. Mas não é hora de se preocupar com isso.

— Sei onde fica acumulada a sua competência. Vai avaliar pelo tamanho da anca e isso está fora de cogitação.

— Não acredito que você está pensando nisso!

— Pois pode acreditar, eu estou fazendo minhas últimas obrigações.

Depois de muitas tentativas, ele decide dar sua última cartada.

— Então tá, vou começar a reparar na Paty, para adiantar o processo.

— Como assim? Não vai adiantar processo coisa nenhuma. É depois que eu morrer! Eu vou mexer os pauzinhos para vocês ficarem juntos!

— Sim, amor, claro. Eu entendi. Você será nosso cupido. Mas eu preciso reconhecer o terreno antes, concorda?

— Escute aqui, seu sem vergonha, mulherengo e safado, não tem nada que reconhecer terreno nenhum, nem adiantar processo porcaria nenhuma. Aliás, eu acho que vocês nem iam dar certo. A Paty passa a noite inteira no computador, é vegana, noveleira, detesta pagode, você não vai suportar.

— Uai, até pouco tempo atrás era perfeita para mim!

— Deixou de ser!

— Mas você gastou três noites...

— Gastei três noites para escolher e três minutos para mudar de ideia. Esse negócio não ia prestar. Vamos jantar, a comida está na mesa!

Até agora os amigos não entenderam por que o casal não apareceu no aniversário da Paty, nem na feijoada beneficente que ela promoveu.

Eu e meus voos

E quanto mais eu podava suas asas,
mais ela insistia em voar!

45 - Just in time

Não me peça para explicar coisas que ainda não tenho explicação. Nem tudo precisa de legenda. Nem tudo nesta vida tem fundamento acadêmico. E eu já passei da fase de querer dar lições.

Não me peça para dizer a você por que eu agora gosto de sapatos da linha conforto. Eu sei que eles não são os mais belos, ainda não perdi o senso crítico, mas posso garantir que eles são os melhores para os meus pés que ainda pretendem andar muito.

Não me peça para explicar o meu frio, o meu calor, o meu interesse repentino por meditação, nem a minha vontade louca de comer cocada.

Eu passei tantos anos explicando tudo a todos. Cheguei à exaustão. Cansei seus ouvidos e o meu colo. Não suportei as regras da minha própria cartilha e agora procuro andar sem o peso das lições.

Chega um momento em que não temos que provar mais nada para ninguém. Tudo já foi dito, tudo já foi classificado em algum lugar da gramática que rege as relações.

Não há nada de errado comigo. Você me conhece há tanto tempo... Não consegue perceber que estou me reinventando?

Reinvento-me não para me rejuvenescer, que a juventude já não me interessa mais, mas para manter viva a centelha infinita do prazer de estar viva e de pertencer a este lugar no qual estou agora.

Reinvento-me não para herdar o futuro, mas para usufruir o agora com tudo que ele tiver a me oferecer. Eu tenho um interesse enorme pelo presente! No hoje, no agora, no exato momento da atitude. É nele que eu posso acontecer.

Reinvento-me para pagar as contas que o tempo me cobra e continuar o meu caminho sem dever nada a ninguém. É leve não dever e é assim que eu gosto de ser!

Reinvento-me não para continuar sendo sua, mas para ser minha o bastante para distinguir o meu amor por você do meu amor por mim. E, distinguindo, eu consiga te amar sem criar expectativas com os sentimentos teus.

Reinvento-me por amor. Reinvento-me para preservar a menina que vive em mim. Reinvento-me para continuar sendo a sua garota e esperar você com os mesmos olhos brilhantes de quem ainda tem muito a conquistar.

Reinvento-me para continuar viva.

O que não muda, morre!

46 - Vamos trabalhar!

Esta frase sempre foi um mantra para mim: "Vamos trabalhar"! Atuando na área de tecnologia, onde tudo é urgente e necessário, lidamos com extremos o tempo todo. Mercado, cliente, *software*, *hardware*, meta para bater, inovação e evolução são gatilhos que intensificam nossos dias. Não há rotina nem calmaria na tecnologia.

Eu precisava passar algo para a minha equipe que ajudasse nos momentos bons ou difíceis.

E como o que nos trouxe até aqui não garante o nosso amanhã, "vamos trabalhar" serviu para as duas situações. Tá ruim? Vamos trabalhar e mudar esse jogo! Tá bom? Vamos trabalhar para continuar.

Porém, esse mantra foi muito além durante meu climatério. Eu tinha que trabalhar. Isso não era uma opção. Como também não é para a grande maioria das mulheres brasileiras. Nós não só trabalhamos como sustentamos famílias, investimos, decidimos e bancamos a vida de muita gente.

Foi com esse mantra "vamos trabalhar" que eu suportei as noites de insônia seguidas de dias intensos de trabalho. Foi com esse mantra que ocupei a minha mente ensandecida pelos meus hormônios com algo mais lógico e real, o trabalho. Foi com esse mantra que abracei projetos, causas, pessoas e responsabilidades. E se hoje estou aqui, trabalhando, à frente das minhas empresas, é porque esse mantra me valeu!

Dá trabalho trabalhar! Dá trabalho viver todos os papéis que nos propomos. Temos por natureza feminina acumular papéis sem confrontar nossos limites. E eu sou dessas! Mas é trabalho bom! É trabalho que edifica, que nos faz evoluir como pessoas, como seres humanos que aqui estamos para melhorar.

Eu sigo certa de que tudo valeu a pena! O trabalho me fez ir muito além do que eu acreditava que podia. O trabalho me fez, muitas vezes, esquecer a dor.

E é com trabalho que eu pretendo ir em frente. Com a cabeça cheia de sonhos, que se transformam em projetos e se concretizam com trabalho. É no trabalho que faço em silêncio, na calada da noite ou em horas em que todos descansam, que a magia acontece. É em conversas com Deus, onde peço sabedoria e orientação, que a coisa acontece.

Um dia tudo fica pronto, tudo se edifica. E podemos dizer que valeu a pena!

Vamos trabalhar?

47 - Mais e menos

Eu já fui uma pessoa mais decidida, daquelas que arriscavam sem pensar e na manhã seguinte esperava as consequências de peito aberto, pronta para a briga. Hoje, penso mais antes de alguma decisão e não sinto vontade de brigar com as consequências como se a vida fosse um ringue. Procuro esperar o dia seguinte para agir com o coração mais tranquilo.

Eu já fui uma pessoa mais animada, daquelas que virava a noite na festa e que dançava como se a música fosse acabar. Foi um tempo ótimo, do qual eu tenho lembranças maravilhosas. Mas hoje prefiro os encontros onde eu conheço as pessoas. Assim eu posso dançar, cantar, sorrir e saborear os sorrisos alheios porque eles são para mim também. A reciprocidade ficou mais importante que a quantidade de pessoas.

Eu já fui uma pessoa mais vaidosa, daquelas que investia alto em uma produção. Mas isso foi no tempo em que eu tinha uma preocupação grande em agradar, não era natural. Hoje me cuido porque me amo, não para conseguir uma nota boa de quem passa por mim. Hoje cuidar de mim tem a ver com saúde, bem-estar, qualidade de vida. O que o outro pensa disso não me afeta mais.

Ah, eu também já fui uma pessoa mais disposta, daquelas que matavam o mamute, alimentava o leão e ainda corria para cuidar dos filhotes. E sei que o fiz porque era necessário. Mas o tempo traz limites e hoje a minha linha de chegada não é a mesma daquele tempo. Aprendi a ler e respeitar os meus próprios sinais.

O tempo é o senhor do "mais" e do "menos". Nos transforma em mais ou menos alguma coisa. Menos exigentes, mais cautelosas, menos apressadas, mais coerentes. Mais humanas, menos resistentes. Mais maduras e menos vaidosas.

O tempo nos faz gostar de poesia, de pôr do sol, de sábado à tarde. Coisas que não observamos quando estamos ocupadas demais em subir nossas escadas.

Ânimo, vaidade e disposição não morreram em mim. Eu continuo uma pessoa animada, disposta e decidida. Mudei minhas expectativas, mudei meu olhar e hoje exijo que as minhas atitudes respeitem meus valores. Se preciso for, decido em segundos; se a festa for muito boa, fico até amanhecer, e se for para defender meus propósitos, eu mato o leão e a família inteira dele. Desde que isso tenha sido uma decisão minha, fruto de uma conversa boa entre eu e eu mesma.

Eu decido em que vou colocar "mais" ou "menos" de mim. Eu conduzo as minhas rédeas de viver, ficou bem melhor assim.

48 - 50 tons de vinho

Depois do sucesso de *Cinquenta tons de cinza*, fiquei animada com a chegada dos meus 50. Confesso que o livro não me levou aos 50 graus. Tive dúvidas se sou eu que estou fora do contexto ou se há um acordo coletivo da mulherada em gostar desse tipo de literatura. Mas gosto é gosto e cada um que seja feliz com o seu. Nunca fui chegada a contos de fadas e homens perfeitos também não fazem o meu tipo. Então, voltando ao assunto dos 50, eu realmente estava entusiasmada com a chegada deles.

Pensei em fazer uma grande festa, aquela que eu não tive aos 15. Mas fui vencida pelo que chamo de "contexto dos 50".

Primeiro percebi que aos 50 estamos envolvidas com muito mais pessoas do que podemos imaginar. Família, filhos, namorados dos filhos, sobrinhos, irmãos, cunhados e cunhadas, amigos da infância, amigos do trabalho, amigos das cidades por onde passamos, amigos da literatura, amigos do outro lado do país, amigos da casa ao lado, amigos conquistados nos momentos mais inusitados e complexos ao longo dos 50 anos. Gente demais!

O "contexto dos 50" traz grandes surpresas e consequentemente grandes mudanças. A essa altura, você quer diminuir os pesos. As bagagens, os armários, as pessoas e principalmente as bagagens da alma. Priorizamos a qualidade e não mais a quantidade. Qualidade de vida e qualidade das relações. Quantos anos, quanto custou o presente, quantas pessoas ou quantos convidados se tornam irrelevantes? Ser aplaudida e estar rodeada de pessoas não necessariamente é o que nos deixa feliz. O que nos interessa nesta fase são as pessoas que nos fazem felizes de verdade, e esse número se reduz a cada primavera.

Outro fato que também pesou muito é que, aos 50, os subterfúgios de beleza têm efeitos colaterais sérios. Cílio postiço, cabelo preso, cinta mágica que some com a barriga, salto fino e vestido de festa da madrasta da Cinderela! Nem se me pagar eu uso mais! Eles me causam taquicardia, dor de barriga, coceira, enjoo e pânico.

Então, para quê? Não estou concorrendo mais à gostosa da noite. Além do mais, eu tenho aquele problema noturno, conhecido das mulheres desta faixa etária, que se chama "ondas de calor", que põe tudo a perder em questão de segundos. Lá se vai a maquiagem, o laquê, o investimento e as horas de produção. Não tem *primer* que suporte a suadeira!

Conclusão, estou de partida para Portugal, vou usufruir meu presente de aniversário lá.

Cinquenta tons de vinho me esperam!

Eu e as vozes do mundo

Tudo fala, só depende de mim ouvir.

49 - Da natureza das fêmeas

Vai provocar desejo, suspiro, inveja, raiva, paixão, admiração, alegria, amor ou qualquer outra coisa em quem conviver com ela, simplesmente porque não sabe passar despercebida.

Ela vai trazer consigo a voz, a vez, o som, a luz, a dança, o movimento, a fala, a discussão, o dom, o sentido, a força, o colo e a claridade.

Ela vai amar, vai escolher, vai desejar, vai parir e vai experimentar o amor mais profundo que sequer imaginou existir.

Ela vai ensinar liderança, administração do tempo, psicologia, sociologia, trabalho em equipe e conciliação de conflitos sem nunca ter lido nada a respeito.

Ela vai começar de novo, quantas vezes for preciso, tudo que precisar. E vai fazer o que tiver de ser feito porque não sabe "entregar para Deus" e cruzar seus próprios braços.

Ela vai esquecer o ferro ligado e talvez queimar o vestido que ela mais gosta. Mas não vai se esquecer de dizer "Deus abençoe" quando você sair, mesmo que seja para ir até a esquina.

Ela vai lembrar de perguntar como foi sua prova, como foi o teatro, como foi o encontro ou como foi a entrevista. E você vai ver tanta verdade em seus olhos que terá vontade de contar como foi.

Com o tempo ela vai esquecer um pouco de si e vai lembrar cada vez mais dos outros. Vai perder aos poucos a vaidade e vai aumentar, na mesma proporção, a preocupação com os seus. Será que comeram, será que estão todos bem? Mesmo sabendo que eles estão todos crescidos, criados e cidadãos do mundo.

Ela vai cuidar da dor de qualquer um que estiver por perto e vai deixar suas dores para serem cuidadas por Aquele em que ela tanto crê. É assim seu coração! Cheio de outros! Ocupado pelos amores que ela carrega. Ocupado demais!

E antes de ir dormir, ela ainda vai checar as roupas do varal, vai tirar a carne do *freezer*, vai pôr água para os cachorros e guardar a louça que ficou na pia. Tudo isso para que amanhã tudo esteja mais harmônico e pronto para receber qualquer um que chegar.

Pode ser que um dia ela esqueça tudo. O passado o presente e o futuro. E ainda assim seu coração continuará inundado de amor.

Se alguém consegue explicar esse ser tão diferenciado dos demais, por favor me explique também. Eu não sei como retribuir tanta doação. Por maior e verdadeiro que seja o meu amor por alguém, é pequeno demais perto dessa pequena mulher.

Ela é grande demais para mim. E eu sou seu eterno pequeno.

50 - O lado A

Do meu primeiro acesso à *internet* para pesquisar o significado da palavra "menopausa" até hoje, muita coisa aconteceu. Porém, sempre volto à pergunta inicial de tudo isso: qual o lado bom dessa história?

Confesso que demorei para encontrar. Obedecendo à regra da menopausa, neste universo, tudo é muito particular, até o lado A. Mas eu encontrei o meu.

Quando estamos no olho do furacão, imaginamos que sair dele seria não ter nenhum sintoma, voltar a ter corpo bonito, saúde perfeita, a vida sexual caliente e fervorosa de antes, cabelão, peitão e coxão! Eu pensava assim! Tudo que eu queria, até então, era a minha vida de volta. Hoje eu sei que o nome disso é ilusão.

Sair do furacão da menopausa tem outro sentido. Nunca mais teremos o peitão, o cabelão, saúde e sequer a vida sexual de antes. Mas podemos ter tudo isso em uma nova mulher. Mudamos o olhar sob nós mesmas. Saímos da menopausa outra pessoa!

O lado A da menopausa é aproveitar as mudanças do corpo e promover uma mudança geral!

Olho para trás e vejo o quanto eu mudei ao longo desses anos. A grande mudança da minha vida não foi a despedida dos meus hormônios, mas a chegada da pessoa que eu sempre quis ser. Do ser humano que coexistia em mim e que, por uma série de motivos, não me permitia existir de fato.

Hoje, cuidar de mim e me dar atenção vai muito além de uma obrigação, se tornou um ato de amor! Eu o faço por prazer, porque me amo e amo esta oportunidade maravilhosa de viver. Hoje, eu me sinto muito, muito mais que as celulites que habitam minhas pernas. Hoje eu sou corpo, alma, mente, coração, projeção, evolução, experiência, vida! E, assim sendo, todo o resto fica muito pequeno, ínfimo.

Não me incomoda se a cor do próximo verão não combina com o tom da minha pele e muito menos se a última coleção da marca mais TOP vai ficar bem em mim!

Não vou dizer que as minhas rugas não me incomodam, seria falso de minha parte. Cuido para envelhecer bem, em paz com meu corpo e meus limites.

Hoje me recebo, me aceito e me perdoo, com a consciência de que isso não é egoísmo. É maturidade!

E quando tenho meus deslizes, meus lampejos de vaidade, de capricho, de prepotência ou de pequenices, sou capaz de chamar a minha atenção para o meu precioso e verdadeiro lugar.

Todos os títulos conquistados, todas as posses e poses, não são maiores nem mais importantes que o meu lugar de pessoa comum, de cidadã do mundo como outra qualquer. Essa verdade só a maturidade pode trazer.

E a liberdade de ser esta pessoa só foi possível depois da minha menopausa.

Eu aproveitei a mudança e mudei com ela. Por isso, digo que a verdadeira metamorfose de minha vida aconteceu com a menopausa, esse processo difícil e demorado que eu vivi, mas que me proporcionou a oportunidade de virar uma borboleta.

Quando olho para a minha vida tão cheia de planos e projetos, tão rodeada de sonhos, sim, eu sou uma borboleta! E voar só foi possível depois de enfrentar esse casulo.

Então, só me resta agradecer! O lado A desta história me espera. Hora de usufruir do voo!

51 - As damas da colheita

Elas são Marias, Carmens, Luzias... e todos os nomes que receberam ao nascer. Elas andam por aí, andam no meio de nós e as enxergamos tão pouco! Elas trabalham, estudam, lavam, passam e cozinham, mais para os outros do que para si mesmas. Elas sustentam famílias e abastecem seus homens de amor e de sexo.

Elas compram detergente e investem na bola. Amamentam seus filhos e saciam seus amores. Trabalham de dia e cuidam de noite. Viajam no espaço infinito do universo e no espaço contido de suas cozinhas cheirosas. E nessa luta incansável para exercer todos os seus papéis, se desdobram, se descobrem e se reinventam. Nunca houve empecilhos para uma mulher determinada!

Elas já enfrentaram leões e mamutes. Algumas comeram o "pão que o diabo amassou" e conseguiram digeri-lo. Outras, criadas como princesas e aprisionadas em gaiolas de ouro, desceram de seus castelos e optaram por enfrentar a rua repleta de gente. Foram para o mundo, se jogaram na fogueira.

Com o tempo, elas tiveram perdas e ganhos.

Deixados pelo caminho, ficaram seus traços. As curvas que despertaram desejo, o peito que deu o leite, o viço que deu vigor àqueles que a viram se tornar mulher. Deixados pelo caminho, ficaram os amores perdidos, os sonhos então proibidos e as possibilidades perdidas em nome de alguém. Deixados pelo caminho estão os filhos que ela educou, os homens que amou e todas as histórias que ela viveu.

Achadas pelo mesmo caminho estavam todas as suas conquistas. Enquanto caminhavam, essas mulheres colhiam os frutos de suas singelas plantações. Pelo caminho adquiriam sabedoria e experiência. E se tornaram frutas maduras, com sabor propício para a boa colheita.

Elas estão aí! Elas estão muito longe de parar! Elas estão ao nosso redor! Elas estão por todos os cantos. E ainda que sem holofotes e sem a atenção alheia, elas continuam fazendo e acontecendo. Continuam colhendo e plantando!

Elas escreveram suas histórias com aquilo que têm, com o que colheram ao longo do caminho. Elas são as damas da colheita. Orgulhosamente, as damas da colheita.

E eu me sinto agraciada de estar no meio delas!

52 - Dizem por aí

Dizem por aí que é doença, dizem por aí que é frescura. Alguma coisa vão dizer! Disso não há como escapar. Neste mundo de julgamentos e conclusões aleatórias, neste mundo onde todos têm uma opinião formada sobre nós e nossos problemas, com a menopausa não poderia ser diferente.

É preciso estar preparada para ouvir de tudo. Vamos ouvir de tudo!

A Organização Mundial da Saúde vai continuar dizendo que é apenas uma fase. E é! Os amigos vão achar esquisito, mas por força da amizade, desse sentimento nobre, vão dizer somente que vai passar! Os filhos, silenciosos, não vão dizer quase nada, mas vão pensar que estamos enlouquecendo.

O mercado, esse implacável movimento do dinheiro, vai fazer promessas milagrosas para resolver nossos problemas. Alguns vão conseguir! *It depends on*!

Não faltam cursos, *workshops*, treinamentos, palestras e livros para facilitar a nossa vida.

Hoje podemos nos informar, podemos aprender a lidar com a menopausa. Que maravilha!

Ainda é grande a desinformação sobre menopausa para a grande maioria da população, isso tanto para as mulheres maduras como para as mais jovens.

Nossos parceiros, namorados, maridos, companheiros ou coadjuvantes dessa fase vão dizer que fomos propaganda enganosa, que mudamos tudo no meio do segundo tempo do jogo. Recomendo repensar todo o "campeonato" e começar tudo de novo.

A ciência, ah, a ciência! É nela que cremos! É nela que confiamos, que continue firme na busca pelo alívio, pelo conforto, pela solução de nossos desconfortos. Ainda existem perguntas sem respostas, ainda há controvérsias e desencontro de informações. Mas é nas pesquisas científicas que depositamos nossas esperanças. Queremos e merecemos mais atenção e cuidado. Queremos e merecemos mais qualidade de vida, dignidade e conforto.

Os profissionais vão dizer que devemos fazer atividade física regularmente, criar hábitos alimentares saudáveis, manter nossos exames clínicos em dia e dormir bem. Esses recados básicos estão estampados em *outdoors* bem diante dos nossos olhos, 24 horas por dia. E estão certos. Essa receita básica é o começo de tudo.

Mas nós sabemos... que vai muito além dessa cartilha!

Afinal, a solução sempre esteve e sempre estará dentro de nós!

53 - Por mais entardeceres tranquilos

Pode ser que ela tenha vindo a este planeta para ser uma grande estrela do cinema. Ou quem sabe uma cantora *pop* com milhões de fãs. É amada, desejada e invejada por muitos. E quando todos se vão, ela sonha com um entardecer tranquilo para que possa renovar as suas forças.

Pode ser que ela tenha vindo para procriar. Teve muitos filhos, uma família linda e seu dom é educar e cuidar da sua prole. É amada pelos seus e isso basta. E quando todos se vão, ela sonha com um entardecer tranquilo para que possa renovar as suas forças.

Pode ser que ela tenha vindo para ser uma grande guerreira. E enfrentado leões na jaula ou soldados no Golfo. Quem sabe a sua guerra tenha sido por uma causa, um ideal. Ela desbrava terrenos e luta incansavelmente até o fim. É amada por alguns, odiada por outros e invejada talvez. E quando todos se vão, ela sonha com um entardecer tranquilo para que possa renovar as suas forças.

Pode ser que ela tenha vindo a esta existência para fazer a diferença no mundo dos negócios. Ela enxergou longe, opinou,

Hormônios me ouçam!

participou ativamente e mostrou a que veio. É invejada por muitos. E quando todos se vão, ela sonha com um entardecer tranquilo para que possa renovar as suas forças.

Pode ser que ela tenha vindo a esta terra para sobreviver. E, morando em condições desumanas, ela anda léguas em busca de uma lata d'água, para que possa saciar os seus. Falta-lhe os dentes. Sobra-lhe a dor. É amada pelos poucos que a rodeiam e talvez nunca tenho sido desejada de fato. Mas quando todos se vão, ela também sonha com um entardecer tranquilo para que possa renovar as suas forças.

Pode ser que ela tenha vindo a esta existência para dar prazer. Um amor bandido, um amor proibido, um amor escondido, um amor incansável, um amor inimaginável. E tudo que ela faz na vida é lutar para manter a chama do prazer acesa. Se é amada, eu não sei. Desejada, com certeza! E quando todos se vão, ela sonha com um entardecer tranquilo para que possa renovar as suas forças.

Não importa onde ela vive, não importa a sua cor, a sua raça ou a sua idade. Na hora de parir, na hora de amar, na hora de lutar até o limite de suas resistências, na hora de defender suas crias e suas causas, somos todas iguais. Não importa qual tenha sido o dom que ela recebeu ao nascer, quando todos se vão, todas sonhamos com um entardecer tranquilo para que possamos renovar as nossas forças.

Eu e todos os motivos para seguir

Já não era mais aquela, era outra, muito melhor!

54 - No mesmo trem

Olho para trás. Olho para as que vieram antes de mim. Minhas avós, minha mãe, minhas tias e todas as outras que já passaram pela grande metamorfose. E são elas, essas mulheres simples com quem tivemos a honra de conviver, que me inspiram. Lembro de minha avó e sua sabedoria. Lembro de minha mãe e sua ternura. Elas são a minha grande inspiração.

Elas, essas mulheres que não tiveram nenhum *glamour*, essas mulheres que estão ao nosso redor reinventando suas vidas, cada uma a seu modo, são a minha maior inspiração.

Amadurecer hoje é muito diferente de quem "amadureceu" há 20, 30 anos. Hoje, uma mulher de 50 anos está com a cabeça cheia de planos e projetos. Há quem cuide de netos nessa idade? Sim, e com prazer. Mas isso não é mais nossa obrigação.

Hoje temos o controle de nossas vidas e não há nada mais libertador que isso.

Hoje, consigo ouvir não só os meus hormônios, mas sobretudo o meu coração. E uso as minhas pausas para um encontro comigo. Hoje, as pausas são para descanso, para recuperar as energias ou para me preparar para o próximo voo.

Hormônios me ouçam!

Não preciso dar explicações, não preciso provar mais nada para ninguém, sou dona do meu destino e posso me dar ao luxo de ser feliz de verdade!

Já sei que não vale a pena querer manter o controle de tudo. E estou muito ocupada com o controle da minha vida. Agora estou livre para tirar meus sonhos da gaveta, aqueles que eu mantive fechados por muito tempo. Sim, foi exatamente para isso que cheguei até aqui!

E, quando olho ao meu redor, percebo todas as mulheres, que assim como eu, enfrentaram seus climatérios. Muitas delas fizeram desse momento de suas vidas a grande virada. Assim como elas, tantas outras, anônimas, desconhecidas, venceram sozinhas seus próprios desafios.

A maior lição da menopausa é de humildade. Diante dela, somos todas iguais. Todas vamos passar por ela! A rica, a pobre, a feia, a bonita, a bem-casada, a descasada e a solteira. Não importa a sua condição, a sua opção sexual ou suas convicções. Todas vamos enfrentar essa transformação que não escolhe a melhor.

Ela nos coloca todas juntas, no mesmo patamar. Por isso saímos dela tão transformadas. Do lado de lá da menopausa, nossos valores são outros. Perdemos o medo, o preconceito, a inveja e nos classificamos todas simplesmente como mulher.

Estamos todas no mesmo trem, só mudam as estações. Cada uma escolhe onde quer parar.

A essa altura, todas temos uma grande história de vida para contar. E é essa vida que nos espera lá fora para fazermos acontecer de um jeito muito melhor.

A minha menopausa aconteceu, me transformou e eu saí dela uma outra mulher. Recebo, aceito e me proponho a fazer valer a pena toda a história que construí até aqui!

Sendo assim, o que me resta a dizer para as mulheres que estão atravessando a fogueira é que aproveitem o momento, aproveitem a chance de mudar e se transformem por inteiro. Essa é a verdadeira metamorfose de nossas vidas!

É a minha história, a sua história, a história particular de cada uma de nós. E ela é a melhor história! Afinal, é a única em que somos protagonistas, as outras, somos meras coadjuvantes.

Já somos fortes!

Já agora é hora de ser leve!

Abra suas asas!

55 - Para quem ainda pretende mudar

Naquele dia, ela acordou com vontade de fazer diferente. Experimentou não arrumar a cama em que dormiu. Olhou para os lençóis em desalinho e quis deixá-los ali, incertos.

Também experimentou não domar os cabelos como de costume. E deixou o precioso creme que sossega cabelos desvairados e rebeldes quieto no armário. Saiu com os cabelos desvairados e rebeldes tais quais sempre foram.

A caminho do trabalho, comprou flores para si mesma. Tomou café na padaria, no balcão, e entrou no meio dos assuntos que rolavam ao seu redor. Política, saúde e outras amenidades. Aprendeu receita de chá, aprendeu sobre a bolsa de valores e sobre o incêndio da Amazônia. Seguiu feliz. Passou o dia como aprendiz.

A essa altura, ela não queria muito da vida. Apenas viver. Já achara o seu lugar há muito tempo. Agora ela queria somente fazer parte daquele pequeno mundo que a rodeava. Gostava de gente e seu prazer era dar alguns segundos verdadeiros de si a outras pessoas, especialmente a quem lhe sorria sem sequer a conhecer.

Hormônios me ouçam!

Não queria das pessoas mais do que elas poderiam lhe dar. Contentava-se com um sorriso e até preferia que fosse só isso, desde que verdadeiro. Sempre fora uma mulher forte. Forte o bastante para suportar as durezas da vida. Agora era preciso ser flexível. Com envergadura para compreender as mudanças, as diferentes opiniões, as novas formas de ser e fazer as coisas.

E naquele dia ela saiu disposta a aceitar o mundo tal qual ele havia se tornado. Diferente daquele em que ela cresceu, nem melhor, nem pior. Apenas diferente.

Experimentou não estar madura, pronta, e se colocou no meio das pessoas como uma aprendiz qualquer. Aceitou o fato de que não conhecia quase nada e foi aí que a mágica aconteceu. Sua história deixou de ser a mais importante no meio de tantas outras histórias, suas certezas se perderam nas dúvidas encontradas em outros pontos de vista e ficou tudo bem.

Chegou em casa e se deparou com a cama tal qual havia deixado. Olhou-se no espelho e seus desvairados cabelos continuavam na cabeça. Embora desvairados, ainda os tinha.

E então compreendeu que mudar não dói tanto assim!

56 - Trilogia

Aos 15 anos, ela queria ser uma mulher famosa. Dessas que atuam na TV ou cinema. Quem sabe uma blogueira com milhares de fãs? Fama, sucesso, holofote e atenção da mídia era tudo que ela considerava importante para ser feliz. Tentou. Tentou, se esforçou, gastou, investiu, insistiu, pelejou o quanto teve forças. E descobriu a felicidade sendo uma pessoa comum.

Aos 25 anos, ela queria ser uma mulher perfeita. Perfeita daquelas de parar o trânsito. Corpão, cabelão, peitão, pernão e todos os superlativos que se podem atribuir à mulher brasileira juntos. Ser amada, desejada e idolatrada por muitos. Tentou. Tentou, se esforçou, investiu, insistiu, pelejou o quanto teve forças. E descobriu a felicidade sendo uma pessoa comum.

Aos 35 anos, ela queria ser uma mulher rica. Rica daquelas que têm mansões e fazendas. Rica daquelas que investem na bolsa e compram uma bolsa Prada quando têm vontade. Rica daquelas que conhecem o mundo inteiro. Tentou. Tentou, trabalhou, esforçou, investiu, comprou, vendeu, insistiu, pelejou o quanto teve forças. E descobriu a felicidade sendo uma pessoa comum.

No fundo, ela quis com todas as suas forças ser uma mulher bem-sucedida em alguma coisa. Em alguma coisa diferente da sua mãe, da sua avó ou das suas tias. Ela queria fazer a diferença na vida dos outros. Ela só não queria repetir o mesmo caminho comum daquelas mulheres.

Na contramão dos seus sonhos, entre tentativas e derrapadas, amou muitas vezes, desistiu e recomeçou outras tantas vezes também. Ela se apaixonou, se casou, teve filhos, se separou, sobreviveu, estudou, amou de novo, venceu e se percebeu feliz vivendo cada fase que se apresentou em sua vida.

Aos 45 anos, ela estava ocupada demais para pensar em fama, dinheiro ou perfeição. Aprendera a ser feliz independentemente deles. Nada contra quem é perfeita, rica ou famosa. Aprendera que qualquer coisa que custasse um Rivotril toda noite era caro demais para ela.

Ela havia descoberto a si mesma e não há nada mais libertador que isso.

Hoje ele tem 55, 45, 25, 15, quantos anos ela quiser. Basta que seu coração seja tocado pela circunstância, e uma das tantas mulheres que habitam aquele corpo florescerá.

57 - Abra suas asas

Viver é correr o risco. Correr o risco de errar, correr o risco de sofrer, correr o risco de perder e correr o risco de se estrepar. Para não correr o risco de sofrer, as pessoas evitam amar. Para não correr o risco de perder, outras evitam investir. E assim seguem sem sequer começar, sem se emocionar.

A gente corre todos os riscos quando decide experimentar. Provar a vida é muito mais que sentir o gosto das nossas atitudes. É dar sentido à nossa existência e, consequentemente, nutrir as nossas emoções.

E se tem emoção, tem choro, tem riso, tem adrenalina, tem pulso, tem suor, tem reviravolta dentro de nós!

É preciso correr o risco de ser nós mesmos, são poucos os que têm essa coragem! É preciso deixar a emoção fluir e correr o risco de chorar ou sorrir.

Naquele dia, o vento estava favorável. O dia, maravilhoso. E como sonho não tem data marcada, lá estava eu completamente equipada para o meu primeiro voo de parapente.

O mesmo frio na barriga, as mesmas borboletas no estômago e, em poucos minutos, eu estava no ar, voando como sempre sonhei. De lá de cima, as árvores, as pessoas, o mar. Indescritível!

Não ter um chão para pisar é acreditar na força das nossas próprias asas.

Um filme se passa em segundos. E surge uma necessidade instantânea de agradecer ao Criador esta existência incrível que Ele me deu.

Vontade de abraçar todas as pessoas fantásticas que fazem da minha vida esta experiência única.

Vontade de dizer para a minha mãezinha que aquela criança, que ela tanto temeu perder aos 7 anos, cresceu. Cresceu e agora voa literalmente sobre as árvores.

Vontade de dizer ao meu pai que aquela menina, que o viu acordar cedo todos os dias, aprendeu direitinho a lição! Não tem medo de chuva, não tem medo da lida e nem de assombração!

Daqui de cima, prometo aos meus filhos, continuação de si mesmos com lampejos de mim, que não podarei suas asas. A esta altura, tudo já foi dito. E se não foi dito, de alguma forma foi demonstrado.

Daqui de cima decido escrever um livro, e ei-lo aqui.

Eu me envolvo com a paisagem e esqueço todo o resto.

Abro as minhas asas e deixo a canção entrar!

> Na nossa dança vale tudo,
> vale ser alguém como eu, e como você!
>
> (As Frenéticas)

58 - Climatério

Desconfio de mim
Da autoridade que revelo e não possuo
Da criança que alimento e não faço ver
Qual de mim será aquela que vale a pena ser?

Desconfio dela
Dessa identidade desbotada que carrego
Carimbada em cima de muitos anos atrás
Como se o tempo não soubesse desbotar as almas

Não me reconheço ali
Nem tampouco espero me reconhecer acolá

Desconfio dele
Desconfio de que meu coração me engana
Ele já não se encanta tanto pelos homens
Como se encanta com os pardais na cerca pela manhã

Mas ainda resta um pouco de lucidez
Aquela que não me deixa sair por aí
A girar de alegria quando meu manacá floresce

Ela olhou para mim como se eu fosse uma leprosa.

— Menopausa? Deus me livre!

E eu, que até aqui tinha feito um esforço sobre-humano para vencer os meus instintos selvagens climatéricos, não resisti. Soltei uma risada sarcástica e falei:

— Não livrou!

— Nasceu mulher, vai passar por ela, como todas nós passamos.

Eu juro que eu tento ser uma pessoa boa, mas ninguém é de ferro!

Sobre a autora

Leila Rodrigues

Leila Rodrigues é escritora, palestrante e empresária; desenvolveu sua carreira como CEO de uma grande empresa no segmento de tecnologia.

Além de atuar como mentora de jovens e apoiar o desenvolvimento de suas carreiras, sempre valorizou a participação das mulheres em cargos de gestão e liderança, especialmente em suas empresas.

Apaixonada pelas palavras, e pela forma como elas traduzem os sentimentos e convicções das pessoas, Leila iniciou seus escritos como cronista em 2011 e rapidamente passou a contribuir para veículos de comunicação com crônicas e artigos bem-humorados e reflexivos sobre a vida real. Suas crônicas estão disponíveis no endereço: http://leilarodrigues-palavras.blogspot.com.

Partindo da sua experiência pessoal com a menopausa precoce, Leila Rodrigues se tornou uma estudiosa do assunto e fez do tema a sua causa.

Atualmente colabora, por meio de palestras, a partir da abordagem comportamental com os seguintes temas: Menopausa – palestra "Hormônios me ouçam!", Relacionamentos na menopausa – palestra "Calor a dois!" e vida profissional da mulher madura - palestra "Quando os hormônios afetam a carreira".

Atua também nas redes sociais Facebook e Instagram, com dicas e orientações para que as mulheres passem pela menopausa com mais dignidade, qualidade de vida e, por que não, alegria de viver.

Hormônios me ouçam é fruto da junção de suas duas paixões, a crônica e a sua causa – a menopausa. Uma forma leve de contar ao leitor como é possível atravessar essa fase e fazer bom uso desse momento.

Leila Rodrigues é a única filha mulher em uma família de quatro filhos, cresceu ao lado dos irmãos na cidade de Arcos, Minas Gerais, e credita às suas raízes mineiras a singeleza de suas crônicas e o seu olhar atento para o que o horizonte tem a oferecer.

A autora vive em Divinópolis com o marido e seus dois filhos.

REDES SOCIAIS
Instagram @menospausamaisvida

Facebook
@menospausa maisvida

Este livro foi diagramado nas tipologias Muli e Arno Pro.
Impresso pela gráfica Noschang em abril de 2020.